U0048913

布蘭登‧李瑞克

劉玉婷——譯

著

好教練的養成之道

從如何指導、安排課表到打造成功職涯，健身教練都該懂的105條關鍵守則

A How-to Manual for a Successful Career
in Strength and Fitness

Brendon Rearick

生活風格　FJ1073

好教練的養成之道
從如何指導、安排課表到打造成功職涯，健身教練都該懂的105條關鍵守則
Coaching Rules: A How-to Manual for a Successful Career in Strength and Fitness

作　　　者　布蘭登‧李瑞克（Brendon Rearick）
譯　　　者　劉玉婷
責 任 編 輯　謝至平
行 銷 業 務　陳彩玉、楊凱雯、陳紫晴、林佩瑜、葉晉源
封 面 設 計　兒日設計

發　行　人　涂玉雲
總　經　理　陳逸瑛
編 輯 總 監　劉麗真
出　　　版　臉譜出版
　　　　　　城邦文化事業股份有限公司
　　　　　　台北市民生東路二段141號5樓
　　　　　　電話：886-2-25007696　傳真：886-2-25001952
發　　　行　英屬蓋曼群島商家庭傳媒股份有限公司城邦分公司
　　　　　　台北市中山區民生東路二段141號11樓
　　　　　　讀者服務專線：02-25007718；25007719
　　　　　　24小時傳真專線：02-25001990；25001991
　　　　　　服務時間：週一至週五09:30-12:00；13:30-17:00
　　　　　　劃撥帳號：19863813　戶名：書虫股份有限公司
　　　　　　讀者服務信箱：service@readingclub.com.tw
　　　　　　城邦網址：http://www.cite.com.tw
香港發行所　城邦（香港）出版集團有限公司
　　　　　　香港灣仔駱克道193號東超商業中心1樓
　　　　　　電話：852-25086231或25086217　傳真：852-25789337
馬新發行所　城邦（馬新）出版集團
　　　　　　Cite（M）Sdn. Bhd.（458372U）
　　　　　　41-3, Jalan Radin Anum, Bandar Baru Sri Petaling,
　　　　　　57000 Kuala Lumpur, Malaysia.
　　　　　　電話：+6(03)-90563833　傳真：+6(03)-90576622
　　　　　　讀者服務信箱：services@cite.my

一版一刷　2022年5月

城邦讀書花園
www.cite.com.tw
ISBN 978-626-315-093-5
版權所有‧翻印必究（Printed in Taiwan）
售價：NT$ 380
（本書如有缺頁、破損、倒裝，請寄回更換）

國家圖書館出版品預行編目資料

好教練的養成之道：從如何指導、安排課表到打造成功職
涯，健身教練都該懂的105條關鍵守則/布蘭登‧李瑞克
（Brendon Rearick）著；劉玉婷譯. -- 一版. -- 臺北市：臉
譜，城邦文化出版；家庭傳媒城邦分公司發行, 2022.05
　　288面；14.8*21公分. -- （生活風格；FJ1073）
譯自：Coaching rules : a how-to manual for a successful career
　　in strength and fitness.
ISBN 978-626-315-093-5（平裝）

1.CST：教練 2.CST：運動教學 3.CST：運動訓練 4.CST：教學法

528.915　　　　　　　　　　　　　　　111003431

各界推薦

● COACH HANK ｜前勁體能　總教練／共同創辦人

　　身為一名教練，除了專業，更重要的是要擁有信念。布蘭登・李瑞克教練的信念是「讓運動成為世界最好的處方藥」，所有的訓練哲學均出自於此。如果我們希望運動能幫助更多人的生活，首先要讓教練在養成的路上走得順遂，在產業內自信前行，此書就是為了教你成為這樣的教練而設計的。

　　閱讀本書，你將了解如何透過簡單好上手的指導，讓人喜歡運動；設計出不追求完美但合適的課表，讓任何人都能持續進步；提供不易受傷的訓練，讓人長期出席獲得成果；最後，你將把教練工作視為一場名為「人生」的運動，唯有不斷突破、不斷累積經驗，並且持續保持在場上活躍不退休，才有機會幫助最多人參與運動。

　　誠摯邀請你閱讀此書，一同為成就他人而努力。

● 王清景｜肌力與體能教練、FB 粉絲專頁「My way of life」 創辦人

　　真希望我能早點讀到這些金律，這樣就不用多走了許多冤枉路，但現在仍然不會太遲，讀起來依然很有感觸，因為可以時時刻刻提醒自己不足之處或忘記的部分。

　　這些金律就像教練界的《窮查理年鑑》，它就像基本真理，可以做為你的行為基礎，讓你達到想要到達的目標，而且你還可以在一次又一次的類似狀況下應用，以處理每天紛至沓來的問題。

　　無論您是教練或是教育家，我都極度推薦細細品味這些金律，因為它們除了可用在訓練，對於人生也會有極大的幫助，只是別忘了「實踐」永遠是最後與重要的一哩路。

● 奇德 Kidd ｜ Fit Taiwan 美國運動委員會（ACE）官方授權個人教練講師

　　培訓過應該有上千名的健身教練，健身教練在我心裡是一個需具備強烈職業道德且持續刻意練習的神聖職位；然而在台灣，當健身教練或體適能教練就像是當父母一樣，學校都沒有教。教練這項工作所需要具備的知識與內容涵蓋甚廣，除了既有的基礎硬知識以外，與客戶相處與溝通的軟實力是許多人忽視且不具備的；指導型的教練往往像舊世代填鴨式的教育般，可能會用不合時宜的方式訓練客戶。本書將提供您引導型教練應有的本質。

● 林勁瑋｜超核心健身中心創辦人

　　說老實的，第一時間看到書名時，我並沒有太大的好感，因為教練工作在我認知裡是極度複雜的，要成為一位傑出教

練，不僅需要學習如何規劃訓練、解剖學和生理學等硬實力；也需要持續精進領導力、溝通能力這類的軟實力，哪這麼容易用一些簡單的原則就講完？

但我錯了，一個個簡單、易讀的原則，集結了作者的智慧與麥克波羅伊肌力與體能訓練中心多年的教練經驗，無論你的教練資歷長短，這絕對是一本值得擁有並重複翻閱的教練金律，精要的內容除了能持續帶給你啟發，更能讓你成為一位真正能幫助到客戶的傑出教練。

● **梁友瑋（山姆伯伯）｜《從年輕人到銀髮族都適用的強膝訓練》作者**

要成為一位好教練，除了研讀運動科學相關書籍，並透過身體力行將知識內化外，最難的其實是教練哲學：如何透過長期以來累積的教學經驗，針對客戶做出最適合的「動作選擇」、「流程安排」、「指導語」、「輔助工具」與「自由重量的器材」等。

要獲得寶貴的「教練哲學」，最棒的方式就是在大師身旁觀摩學習，並針對不了解的地方直接詢問。過去我在學習《麥克波羅伊功能性訓練聖經》這套系統時，實踐過程中遇到很多的「疑問」，不了解「為什麼」。幸運的是，透過網路與作者詢問，都能一一獲得解答。

而這些解答的背後鮮少與科學相關，而是教練哲學。

當我看到《麥克波羅伊功能性訓練聖經》作者麥克‧波羅伊（Mike Boyle）所帶出來的教練布蘭登‧李瑞克出版這本《好教練的養成之道》（Coaching Rules）時，非常地期待，於是從美國Amazon訂了書並開始閱讀。這本書彙集了許多實用而簡單的訓練哲學，等於是作者把他十數年來在大師身旁學習到的經驗分享出來，讓想成為教練或已經成為教練的人，有機會重新審視及精進自己的教練哲學。

這是本市場少見，但值得推薦的好書。

● 陳彥志｜悍草訓練教育總監／光田運動醫學科醫師

資訊的傳播，首先會建立在知識的不對等上，這是身為教育者所需要注意的。我們最常犯的錯誤就是：過於在意於自己的內容夠不夠好、夠不夠完整，卻但忘記受眾是否能夠理解內容。如何說別人聽得懂的話，真的必須不斷地練習。

推薦給每一階段的教練，剛入行的會在前三部學到許多，而浸淫一陣子的則會在第四部找到下一階段目標。這本書除了適合在吾日三省吾身時閱讀外，105條的金律格言更適合做成小日曆放在桌上，每天提醒大家莫忘初衷。

● 蔡奇儒｜醫適能 特殊族群訓練機構 創辦人

我非常喜歡布蘭登‧李瑞克的這一本書，他對於教練職涯的刻畫與建議相當精準，字字珠璣。

在此擷取書中三個觀念來說明我對這本書的推薦。

1.「二十年後，你會知道自己是一個多棒的教練」

　　許多教練在剛入行時，時常汲汲營營、追求短期利益而忽略長期價值，很容易就在一兩年內就黯然離開產業。然而，要成為一位好教練如同十年磨一劍，需要堅毅、內斂、刻苦、持續累積。這個觀念就很像是投資，唯有時間才會證明我們獨一無二的價值。

　　堅持下去，你會知道自己是一個多棒的教練。

2.「合作，不要競爭」

　　許多教練把自己的同事當成競爭者、許多健身房把同業當成競爭對手，因此所做的決策步步都是為了提防，而非創造自我價值及客戶價值。因此，建立起共存共榮的價值觀是非常重要的策略。

　　唯有如此，我們才能不被過度的競爭行為所蒙蔽，我們才能一起把市場的餅做得更大。

3.「幫助越多人，你就越成功」

　　當有時間的累積、堅毅不拔的練習，把競爭對手視為潛在合作對象，我們就能夠幫助更多人，透過成就他人來實現自我。

　　這樣的教練職涯對我來說就是成功。

致

所有投注心血在我身上的教練們。

因為你們，我成為一名教練，且樂於為人付出。

目次

前言

麥克・波羅伊（Michael Boyle）

麥克波羅伊肌力與體能訓練中心創辦人，

著有《麥克波羅伊功能性訓練聖經》

當布蘭登邀請我替他寫這本書的推薦序時，我必須承認，我很興奮可以跟大家分享他的故事。

布蘭登・李瑞克在麥克波羅伊肌力與體能訓練中心（Mike Boyle Strength and Conditioning，簡稱MBSC）並沒有一鳴驚人。事實上，他是另一位員工凱文・卡爾（Kevin Carr）的朋友，似乎總是在健身房閒晃。而且當時他在另一個當地的運動表現訓練中心實習，但似乎被MBSC吸引。他被MBSC「深深吸引」的程度，讓我的工作夥伴鮑伯・漢森（Bob Hanson）懷疑他是其他同業派來的間諜。鮑伯總是會問：「這個孩子為什麼又出現了？」

對⋯⋯，布蘭登那時是個孩子，剛從學校畢業，年輕又興奮，總是想跟你討論肌力與體能。

然後是他真的很想在MBSC工作。

我承認我們利用了他的渴望，給他幾個最差的時段。毫無

意外地,他接受了。

　　很快地五年過去了,布蘭登成了MBSC的重要員工,也是我和鮑伯功能性肌力教練認證（Certified Functional Strength Coach）專案的夥伴,同時他和凱文·卡爾開啟了一項結合運動與軟組織治療的新事業「運動即良藥」（Movement as Medicine）。

　　故事從這裡開始變得有趣了。

　　布蘭登的事業此時在快速發展。他是一位年輕且有遠大志向、高度潛能與驚人動力的教練。但現實生活的突發狀況,卻讓情節有了轉折。

　　2014年時,布蘭登說想跟我和鮑伯碰面,他告訴我們他的前女友懷孕了。這個「前」字很關鍵,他們已經分開了。但布蘭登說:「她要搬回加州養育小孩,所以我也要搬過去。」重要的是,他並沒有說要跟她一起搬過去,也沒有說他們要一起解決事情。他很清楚,移居加州只是為了當個爸爸。

　　布蘭登對生命尊重的程度,當下一口氣飆升到十分。坐在辦公室裡,聽到我們最好的年輕教練之一說,他要成為父親的決定勝過一切,我雖然不意外但還是很震驚。他的事業正在快速發展,卻要在工作還沒著落的情況下,跟著懷孕的**前**女友搬到這個國家的另一邊。

　　這就是所謂的「勇於承擔」。也是一個真正的男人會做的事。

　　他可以舒服地待在東岸，幫自己找藉口，責怪這段關係，一面扯一些「他如何試圖在他女兒的生活裡不缺席」這種陳腔濫調。

　　但布蘭登決定當一個真正不缺席的父親。他決定不做其他百萬個男性做過的事情。寫到這裡我有一點情緒化。我想起〈我為愛做了什麼〉這首歌，意識到這個男人是為了素未謀面的孩子而做出這個決定。每個孩子都應該這麼幸運。

　　這些事跟這本書有什麼關係呢？或許沒有……，但也或許關係可大了。

　　我不確定是否還有其他年輕人比布蘭登更令我尊敬。沒有多少人會為了還沒有見過面的孩子做出這樣的犧牲。所幸結局非常美好，芮恩（Rayne）很棒，是個有天賦、聰明早熟的孩子，而她的繼母也視她如己出。在單親與離婚很常見的現代社會，這是她能擁有最美麗的童話結局。

　　閱讀此書，向我非常尊敬的人學習。

推薦序

丹・約翰（Dan John）

美國傳奇肌力與體能教練，

著有《傳奇教練丹約翰的肌力體能訓練金律》、

《健身，也健心》等

二〇一一年時，我被邀請前往波士頓，在麥克・波羅伊的活動中致詞。因為某個原因，網民們認為將有一場混戰，麥可跟我可能會對對方揮拳，打上一架。

很遺憾，這並沒有發生。如果那樣倒是很有趣。我跟麥可幾乎在所有事情上都同意彼此，除了誰比較帥之外。

我必須謙虛地說……是我。

我不記得那個週末的研討會了，只記得幾天之後，我開啟了幾段改變生命的友誼。在飯店酒吧裡只有一個空位，一位年輕的加州肌力教練泰勒・路易斯（Taylor Lewis）走過來坐在我旁邊。我們的友誼從此開始，一天比一天深厚。

那不過是剛開始。隔天早晨，我遇到布羅伊的工作人員們。我想到歐比王說的：「你再也找不到比這裡更多混蛋和壞蛋的巢穴了。我們要謹慎。」

好吧，這不是真的。至少不完全正確。

我遇到一群讓人心情愉悅、年輕有活力的肌力教練，包含我現在的老朋友，布蘭登。我記得在一起的美好時光，也記得那些因為健康因素而非常艱難的時刻，我懷念我們一起坐在麥克·波羅伊的客廳中，我在一張紙上概述了訓練的基礎知識。

我希望有人保留了那張紙。

這就是布蘭登，總是最早到、最晚走。在這之間，他改變生活，也想挑戰生活。他就是我們在這個領域的榜樣，一個正直善良的人。

他請我幫個簡單的忙：關於長久且成功的肌力與體能教練職涯，分享三個「丹·約翰」最重要的建議。

通常我會為此收費百萬美元，但布蘭登的話，一半就好了！

1. 熱情。哦，在你跳過之前先停下來。停。

這跟你想的不一樣。這個字來自「受苦」的字根，它並不代表「愛」，雖然愛通常需要熱情。它意味著你要睡在沙發上，要早到晚走，當你累到連眼睛都睜不開時，你翻開一頁書，讀了一篇文章或貼文，然後發現自己充滿熱情，願意再次投入。肌力教練需要對我們做的事滿懷熱情。我們需要願意為我們做的事而受苦（合理範圍內）。

我們做什麼？我們改變生命。日復一日，不管那一天是晴是雨，傷心還是快樂，滿懷期待或著沮喪失望。

2.「一起走」。而不是「走自己的或講自己的」。

　　我對肌力教練應有的形象，來自《路加福音》第二十四章。耶穌與兩位門徒「同行」七英里。當然，他們有交談，而他教導，但最重要的是，耶穌與他們「同行」。

　　肌力教練就是為這一段路而設計的。小比利剛出現時，就連空槓都會讓他折成兩半；十年後，同一個孩子成為了世界冠軍。十年，七英里。肌力教練不會衝在前面；我們不走小路；我們不追逐蝴蝶。我們會跟夥伴走在一起，當然，那很花時間。這也是我們要做的事情中最困難的課題。

3. 我不知道之前有沒有說過，讓我再說一遍。我很討厭那些多餘的話，所以不要讓我重複。哦，那是什麼？

　　重複。

　　你錯過了嗎？

　　讓我再講一次：**重複。**

　　我會說「讓身體長高」一百萬次。如果我教舉重時說「擠壓」可以得到五分錢，我應該已經在考慮買第二艘甚至第三艘遊艇了。

　　而這是我們立下的合約：

　　這是我們該做的事。我們會一而再、再而三地重複一些事情，因為這是讓人們變強壯的方式。

　　而這也是布蘭登在做的事。

導論

　　和我們的前輩不一樣，做為肌力與體能教練、個人教練或是團體健身指導者，要從長期且成功的職業生涯退休是有可能的事情了。我們的專業贏得其他領域的尊敬，現在被認為是一條合理的職業道路。訓練師或教練不再被視為只是種興趣。

　　而有了那些唾手可得的訓練資訊，你以為也就能更了解**如何指導**。然而市面上有無數關於理論的書籍，你可以找到數千份的研究報告，每個週末還能參加進修課程，卻沒有人教你如何**當個教練**。

　　這就是為什麼我有信心你會喜歡這本書。有了對的工具，你才可以改變生命。就像比利・格雷厄姆（Billy Graham）說的：「一位教練在一年內所影響的人，比一般人在一生中可以影響的人還要多。」

　　你可以：

- 幫助人們找到目標。
- 讓人們激發出他們原本沒有的潛能。
- 提高運動表現，幫助人們得到大學獎學金。
- 讓人們熟悉並愛上訓練的經驗。
- 幫助人們找到好好照顧自己身體的理由，讓他們可以陪

伴自己的家人更久。

宣誓後，你要盡力讓自己成為最好的教練。

這是你的客戶與運動員應得的。

這本書的靈感來自於麥可‧波倫（Michael Pollan）的《飲食規則：83條日常實踐的簡單飲食方針》（*Food Rules: An Eater's Manual*）。他的重點有三項：「吃食物。儘量吃植物。不要太多。」相當簡潔明瞭。關於「我該吃什麼？」這個問題，這三個答案歷久彌新。

但營養，或者是**教練**，真的有那麼簡單嗎？要讓一個複雜的主題 —— 比如營養 —— 精簡成任何人都理解的東西，需要相當的決心。

當我被邀請寫一本關於教練的書籍，我知道《飲食規則》就是我想複製的形式 —— 簡短、明智且易懂。

《好教練的養成之道》是我在健身領域所學到所有事物的堆疊累積，從我在麥克波羅伊肌力與體能訓練中心開始 —— 這裡被認為是功能性訓練健身房的聖地，我在這裡學了七年。我永遠感謝波羅伊教練的智慧，還有他與鮑伯‧漢森在我待在MBSC的日子裡所給予的機會。麥可教導我許多關於教練的知識，貫穿了這本書。

在接下來的書頁中也看得到丹‧約翰的影響。在讀完他的著作《傳奇教練丹約翰的肌力體能訓練金律》（*Never Let Go: A*

Philosophy of Lifting, Living, and Learning），盡力提升、改善指導方式成為我的首要任務。我閱讀每本找得到的教練書籍；盡可能參加每一次的進修課程；尋找令人尊敬且願意分享所知的教練。

我在麥克波羅伊肌力與體能訓練中心的經驗，還有與丹·約翰的相遇，對我的教練職涯有決定性的影響。他們讓我走上自學之路，可以將工作拓展至「運動即良藥」與「功能性肌力教練認證」。這兩個事業體現了我對教練的熱愛與所學。

本書中的守則來自兩個地方：

自己獲得與傳承自他人的經驗
常識

這些守則已經通過真人壓力測試。不要對它們的簡單感到吃驚。

如果要說我學到了什麼關於教練的知識，那就是「你認為行得通的東西通常行不通」。教練雖然是一門科學，但也必須用藝術、感覺與人際關係的角度來看待它。這不是說科學與研究沒有一席之地，它們有，只是在這本實務用的書籍中沒有。這本書是給你的，一位想以教練為終身職業的人。

你計畫什麼時候退休？你會在這個領域花費多少時間，二十年、三十年，還是四十年？我預定在二○五五年退休。也就

是說，我將在健身專業領域長達四十六年。

　　像這樣的承諾需要耐心與毅力。應用你將學到的守則，可以幫助你保留精力與最珍貴的資源。明智地使用你的心力並用心保護它。

　　追求成功的路上會遇到六種最大的阻礙，在《好教練的養成之道》中都有討論：自滿、自負、溝通不良、缺乏連結、過度複雜與客戶流失。

　　我將使用三個引導式的問題來解決這些阻礙。

如何指導？

如何安排課表？

如何讓教練成為一份終身職業？

　　我希望這一百零五項守則能夠引發你去思考「該做什麼」、「為什麼要這麼做」以及「該怎麼做」。如果思考後發現你需要改變，那就去做吧。改變是持續的，而且是成長所需。若是有教練說：「我找到了更好的方法，而且我會改變。」那麼我就知道，他會是令他的同行尊敬的教練。

　　閱讀每項守則後，花點時間從職業角度來思考它與你的關係，或者你要如何與客戶互動；如果你有「後悔」的感覺，修正它；如果你有「我怎麼沒有這樣想過」的感受，找機會應用它；如果你感到「猶豫遲疑」，就持續觀察或找其他教練討

論。正如寫作教練李察・道維（Richard Dowis）思索的：「守則能夠引導你，但它不能取代思考。」

對於年輕教練，我希望本書能夠成為你新職業的學習平台；而資深的教練，你能從本書找到細微的提醒、新鮮的觀點，以及讓你覺得自己並不孤單的安心感。

這是我希望自己在開始教練工作時，就能遇到的一本書。

但首先，我想解釋一下關於本書的用字

我在整本書中使用了「客戶」（client）與「運動員」（athlete）二詞。對你來說，這些詞可以是客戶、運動員、會員、實習生、受試者、患者、案例、球員、專業人士、業餘愛好者、參與者、團體、營隊或班級。

其次，我會形容動作「良好」、「適當」、「最佳」、「正確」、「理想」、「完美」、「健康」、「穩固」或「正確」。什麼是**良好**的動作？這指的是要能夠維持正確姿勢來完成這項工作並產生最大力氣 —— 而且要以最小努力來完成。

基本守則

　　本書的前六項是最基本的守則。它們很重要，因為本書所有的守則都來自於同一個人：我。這些守則深深地被我的生活、職業、認識的人與碰到的機遇及挑戰所影響。

　　接下來介紹的守則，你或許會覺得很有啟發性，也或許會公然反對；它們可能會改變你的觀點，讓你鼓起勇氣去改變，或是讓你更堅信自己的想法與做法。

　　而我誠摯地希望，這些守則能讓你「**思考**」。新想法是成長的開端。

　　這六項基本守則，是一切發展的基礎。

守則 ①

情境很重要。

烹飪用的刀子，也可以拿來殺人，重要的是你使用時的情境。

當你開始運用從本書中學習到的知識時，你會發現是否成功，取決於訓練的風格、你指導的客戶，還有訓練的環境。因為當下的情境很重要。

你在訓練當中遇到的每個問題，都可以用一個答案來回覆：**看情況**。真的是要看情況。一個人的熱身可能是另一個人的一次反覆最大重量（one rep-max）；一個人的訓練量，可能會讓另一個人送醫院。

在教練生涯裡，當你想要給出建議，或是模仿他人的指導過程或職業路線，別忘了先確認情境相關的問題。

你可以問的問題有：

- 最終的目標為何？
- 這個人的能力如何？
- 他現階段的訓練狀態為何？
- 有什麼器材可以使用？
- 環境是否能支持這個目標？

● 什麼資源與連結是客戶擁有但我沒有的？

情境很重要，上述問題的答案能決定你的回應。我們可以這樣做嗎？可以！但我們應該這樣做嗎？看情況！

> 不了解情境時，言語與行動沒有意義。
> ── 格雷戈里・貝特森（Gregory Bateson）

守則 ②

理論上很好，實務上不見得。

在你的職業生涯中，會遇到很多很棒的點子，你要是覺得它們聽起來不錯，那就試試看。但如果試了之後效果不好，也不需要太驚訝。

我在麥克波羅伊肌力與體能訓練中心工作的第三年，被派去編寫團體訓練的課表。我設計了一份自認為完美無缺的課表，但它只有在理想世界很完美，我們在健身房執行起來，就不是這麼一回事了。

首先，我安排的團體訓練時間是八十至九十分鐘。但九十分鐘結束後，教練們只完成了完美課表的七成。我在同一天安排了農夫走路與推雪橇，但在熱身與增強式訓練後，根本沒有足夠的草皮空間同時進行這兩樣動作。

我還錦上添花，把臥推、引體向上以及後腳抬高蹲放入三配對組訓練法裡，完全忽略掉要同一時間在同一地點完成這些動作所需要的空間與器材。這個完美課表的東西太多了！

我們有自己的理想，也有實際操作後的狀況。記得時常回來確認你描繪的藍圖，學習、測試、評估、保留或丟棄，然後再重複這些步驟。考量空間、器材、時間這些限制一點都不有趣，儘管如此，我們還是要認真以待。

吸收有用的，去掉無用的，再加上你所特有的。

　　　　——李小龍

守則 ③

了解規則，才能打破規則。

　　在職業生涯的前幾年，你應該專注在熟悉基礎知識，也就是事物運作與發展的原理上面。一旦你了解支持這個領域的系統與其中運作的方式，就可以開始發揮創意，來影響這個系統。

　　本書的內容是基本守則，你遇到的客戶，八成都可以適用這些守則。它們的用意是讓你以合理的守則為基礎。但如果有位客戶不屬於這八成的情況，你就可以以這個基礎為出發點，去打破規則。

　　想要創新，需要先了解事物運作的通則。比方說，我有個工作對象是一位過重的客戶。雖然多數客戶的課表都有滾筒按摩與伸展，但這位客戶的課表中卻沒有。沒有為他安排我的「完美課表」，是因為我確信比起按摩與伸展，減重對他比較有利。

　　要充滿自信地把按摩、伸展這兩個重要的元素移出課表外，你必須先知道**為什麼**需要滾筒按摩與伸展。只有如此，我才能根據訊息做出決定，讓特定的人或是團體跳過這些步驟。

如果花太多時間學習交易的技巧，你可能學不會交易。

　　——約翰·伍德（John Wooden），美國傳奇籃球教練

學習交易，再在交易之中運用技巧。

守則 ④

我保留改變想法的權利。

從現在起三年內，有些本書裡的守則我將不會再遵循。在這三年裡，我要持續不斷地學習。

你也應該保有改變想法的權利，每隔幾年你會改變，健身理論會改變，世界也會改變。這些改變可以帶來新的知識、更好的技術與獨特的經驗，讓你和大家分享。這也是為什麼書會有第二版、第三版、第四版的原因。

希望十年後我不會完全同意書中所寫的一切，因為那代表我沒有學到任何新知。

盡你所能去了解更多，當你知道更多之後，把事情做得更好。

——馬雅・安傑盧（Maya Angelou），美國作家、詩人

守則 ⑤

竊取聰明人的點子，這叫做學習。

我聽麥克・波羅伊教練說過好幾次，「要偷聰明人的點子來用，這叫做學習。」我希望你可以竊取這本書的知識，來讓自己、客戶、運動員，以及整個教練領域都變得更好。

新的想法很少見。這本書裡的新東西，是以我的經驗為背景，重新整理接收到的資訊而生。

在學校，我們被告知要專注在自己的考卷上，不可以作弊。但在現實世界中，最好的學習方法是實習、觀察其他的從業人員、參加研討會、找個老師等，再把所學知識運用在你面臨到的特有狀況。

複製那些工作表現出色的人做的事，是開始一項職業的好方法。當然，我們認可學習對象的成就，但你可以繼續前進，用他們的計畫來取勝。

不過別忘了，**每個人**都有過去，包括你的導師。去了解他們的信念，檢驗他們的想法與做事方式，然後再想想自己。對你的導師有效的方法，對你卻不見得有用。

很多教練仍有深蹲對膝蓋不好、硬舉會傷到背，甚至是「沒有痛苦就沒有收穫」這種想法。你應該認真查證，挑戰教條，然後自己做決定。

好的藝術家懂抄襲，偉大的藝術家會偷竊。

——畢卡索

守則 6

你不可能閱讀同一本書兩次。

　　我希望在你的職涯裡，可以一再翻閱這本書，然後每次都能得到一些新東西。不管是做一個人，還是身為一個教練，你每年都會改變，重讀這本書，也能帶給你新的體驗。

　　我把這本書設計得輕薄卻實用，使用上很方便。你隨時可以拿起來，挑一個守則來看，給自己一點想法或提醒。在短程旅途中閱讀它。每天讀一個守則，讀完後再從頭開始。

　　進行我在每個章節後面提供的練習，每兩年就審核一次。在空白處寫下心得，用螢光筆或底線畫重點，或是用摺頁做記號等等。讀《好教練的養成之道》沒什麼特定的「正確」方式。

　　我希望你可以和這本書建立起關係，經常回來拜訪它。

　　　　你不可能閱讀同一本書兩次，

　　　因為每次重讀時的你，都是不一樣的。

　　——約翰・巴頓（John Barton），經濟學家

刻意練習

我希望你能積極參與本書，因此，在每部最後都有附上「**刻意練習**」的部分。閱讀此書是一個很棒的開始，但如果你沒有明天就開始去運用這些守則，那麼你完成的不過就是讀完這本書而已。刻意練習能讓你從「A」到「A+」。

什麼是刻意練習？

我很喜歡《原子習慣》（*Atomic Habits*）作者詹姆士·克利爾（James Clear）為它下的定義：

「刻意練習是一種帶有目的、系統性的練習。規律練習或許包含了無意識的重複，但刻意練習需要我們全神貫注，且帶有特定目標 —— 就是進步。」

刻意練習讓人有離開舒適圈的感覺，但這會帶來成長。每個環節都需要專注與耐性。你會很常失敗，但失敗越多次，你就越精熟。

這和多數需要你練習的學習經歷不太一樣。

假設你想要在教練這一途有所精進，傳統理論會說，教越多人就越進步。這沒有錯，但有一點要注意。

在針對優秀外科醫師的研究裡發現，醫師們的表現在五年後會達到一個高點，然後就維持在那裡。直到他們因為觀摩其他醫師的手術過程，或讓他人觀摩自己的手術，有了刻意練習的機會，才能突破這個高點繼續進步。不參與刻意練習的醫師容易變得自滿，技術不但沒有進步，有的甚至會退步。

你覺得這件事有什麼意義呢？

觀察你尊敬的教練，開放並誠實地面對自己的想法，不要屈服於批評。想讓自己進步，每天的優先工作就是「刻意練習」。

任何一種練習的基本原理：沒有跨出舒適區，你就無法進步。
——安德斯・艾瑞克森（Anders Ericsson），《刻意練習》作者

　　繼續閱讀之前，請完成下面三個練習，幫助你了解自己的指導技巧與安排課表的能力，也可以讓你做為教練的「為什麼」浮出水面。

刻意練習 ①

指導技巧

目的

透過幫自己拍攝一些指導個人或團體客戶特定動作的影片，來了解你指導技巧的水準。

概要

了解自己指導能力的水準，能讓你看到、聽到你的客戶與運動員聽到、看到的一切。進步的第一步是覺察。而這些影片，也是你日後進步的證據。

這些影片只供你自己使用，不用太要求畫質，加上現在的手機都能拍照，你沒有理由迴避這項工作。觀察自己，批評，反思，取得回饋，作出改變，然後進步。

指示

拍攝你指導以下動作過程的影片：

深蹲

伏地挺身

硬舉

引體向上或啞鈴划船

肘撐棒式

接著，拍攝自己指導客戶或團體一整堂課的影片。

如果有需要，請付費找人協助，或是和願意參與的同事合作。

刻意練習 ②

檢視你的課表

目的

　　收集一些你現有的課表並加以檢閱，來挑戰自己目前的想法與思考模式。

概要

　　為你安排的每一項動作說明原因，你會意識到自己在知識與運用上程度的落差。

　　額外去思考這些事情，能夠提升你安排課程與決策的能力。

指示

　　選定三到五個你為某個客戶或團體所安排的課表。最好是不同族群的課表 —— 舉例來說，你可以選擇一位運動員，另一位是膝蓋受傷，正在治療與復健的人，第三個則是五十歲以上的成人所組成的團體班。

　　拿出紙筆，列出這三到五個課表。然後在最上面寫下「我把這項動作安排在這裡是因為……」，一次一項動作，鉅細靡遺地解釋你為什麼要這麼安排。

　　奮力辯護你安排的課表，就像是為博士論文辯護一樣。

刻意練習 ③

為什麼要當教練？

目的

思考為何要成為教練，以及你想留給其他人什麼。

概要

以下問題能讓你思考未來，並做為你在職業生涯中的指引。

指示

計時三十分鐘，回答下列問題。答案不用太詳細，在稍後的練習中，你可以回顧並修改它們。

- 接下來的二十年，我對客戶、帶領的運動員、我的社區，以及健身領域能產生怎麼樣的影響？
- 十年內，你想完成哪些事情？
- 根據以上回答，從現在起三年內，你需要完成哪些事情？
- 根據以上回答，今年你需要完成哪些事情？
- 根據以上回答，接下來三個月，你需要完成哪些事情？

● 假設你就是自己的客戶，如果要你為自己寫封推薦信，
　你想說些什麼？

第一部

如何指導：清楚溝通

這一章節的守則，可以指引你在訓練學員上更有效率。無法清楚溝通，再棒的課表與豐富的知識也沒有用。你可能有訓練領域的博士學位，並擁有完善的計畫，但如果無法清楚地傳遞訊息給客戶，讓他接受你的建議，以上這些都派不上用場。

　　本章節的守則是關於如何使用視覺、聽覺與運動感覺來訓練學員和給予指令。優秀的教練會示範每個動作給學員看，懂得使用簡潔的言語提示，然後讓客戶自己嘗試，並在需要時給予正向的回饋。

　　以下守則能幫助你清楚溝通。

　　　相較於擁有完美課表的普通教練，擁有一般課表的傑出教
　　練，還是能從客戶與運動員身上得到更多收益。
　　　　　　　　　　　　　──麥克·波羅伊

守則 7

大量示範。

人類是視覺動物。

當你示範給客戶看的時候，能活化他們的鏡像神經元，鼓勵他們做得和你一樣。如果你照著正確步驟，做出精準的動作，客戶也會盡力完成該動作。反之亦然，如果你隨隨便便地示範，客戶就會回饋給你草率的動作。

好的示範可以彌補不完善的說明或提示。你的示範要非常精準，就算是在別的國家，也可以不用說任何話，人們就知道你要他們做什麼。口頭指令本身不是重點，而是**附加**於動作的示範之上。

給予大量的示範，會讓你贏得客戶與運動員的尊敬。自信地示範你要求的動作，能建立他們對你的信心。

有時，來一些讓他們吃驚的動作。增強式訓練就像是施放煙火一樣，能讓人眼睛為之一亮：快速地完成繩梯動作、跳上很高的跳箱、單腳跳、跨欄。一兩次示範就夠了。我常跟教練說，當個「單次專家」即可。做為教練，你至少得給出一次扎實的示範，接著客戶可是得連做八次三組呢。

在麥克・波羅伊的訓練中心，每個員工身上穿的Ｔ恤都寫者大大的「教練」兩字，下方還有完整定義，「教練：以正確

示範進行指導」。

守則 **8**

不能示範？讓影片、你的客戶或運動員代勞。

如果有的動作或姿勢你無法示範，你還有很多選擇。其中一個選項是，邀請團體中的某個人來代替你示範。你沒有任何風險，而這個人能展示自己辛勤練習的成果，此刻他會成為大家的目光焦點，是個雙贏的方式。

另一個方法是使用影片，用健身房的電視或自己攜帶的平板電腦，來播放示範動作的影片。如果影片是你的團隊所拍攝的，效果會更好。沒有的話，就找個客戶能認同的人所拍攝的影片。

和直接示範相比，使用影片有個明星優勢。看專業的足球員舉重！影片上的人也有參加大師賽！我曾播放過女性年輕運動員的影片，她們是美國女子奧林匹克曲棍球選手，腰間環繞45磅重量做著引體向上，運動員們看到了精采的示範，也從中獲得動力，因為他們偶像示範的，正是我們要求他們進行的動作。

守則 **9**

三明治教學法：
這樣做。不是這樣。而是這樣。

傳奇籃球教練約翰・伍登有一套「三明治教學法」：

- 示範正確動作（這樣做）。
- 示範你希望他們避免的常見錯誤（不是這樣）。
- 以一個完美示範結尾，當中務必包含教學重點（而是這樣）。

以深蹲為例：

我會請你膝蓋向外（好的示範）。
注意膝蓋不要內夾（錯誤示範）。
最後再強調，膝蓋向外，就像上面套著彈力帶一樣（好的示範）。

再以硬舉時脊椎位置為例：

拿起槓時，背要保持水平（好的示範）。

注意背部不要拱起圓背（錯誤示範）。

最後再強調，拿起槓時，背部越平越好（好的示範）。

務必記住：不要以錯誤示範結尾。客戶們最後看到且記住的，應該要是正確的動作。這樣做有什麼效果呢？為了讓人們知道該怎麼做，他們也需要知道不該做什麼。如果你不知道**錯的動作**，又怎麼知道**對的動作**是如何？

守則 ⑩

訓練時，讓客戶排成一排，不要圍成一圈。

排成一排時，學員會站在你前面。

排成圓形時，有一半的人會在你後面。

讓大家排成一排，他們可以清楚地看見你示範動作，聽到你的指令。

你的成員有八個人嗎？那就讓他們排成兩排。二十個人？讓他們排成四排。

排成一排一排的時候，你對這個團體與場合能有更多的掌握。

最好的提示是沒有提示。

　　有一些人他們需要自己去感覺，來找出問題的答案。和新教練一起工作時，我好像參加了一場提示語分享大會。我可以告訴你，過度指導跟指導不足一樣糟糕。

　　關於提示，少即是多。如果你有一些想法要說，把它留在訓練的前後。

　　這裡提供一些基本守則：

- 當客戶在進行訓練的反覆次數時，不必每次都要刻意說些什麼。
- 泰德・龐加納（Todd Bumgarner）教練寫過：「第一次動作很差也沒關係！」我完全同意：訓練的前幾次或前幾組動作，就算他們的姿勢不盡理想，也讓客戶自己體驗一下。接著詢問他們對這個動作的感覺。然後選一個地方來改進。一個就好。
- 不要一口氣拿好幾樣你希望客戶改進的狀況來轟炸他。選一個最簡單的來改進，然後閉上嘴巴。
- 首先解決最嚴重的錯誤。
- 讓他們自己嘗試改變。最好能幫他們拍攝影片，讓他們

可以觀看自己的動作。

下面我們使用這個守則來指導丟藥球。

「拿起藥球並把它用力往牆上丟。像這樣（示範）。把你一整天的不愉快都發洩在這道牆上！」

當運動員重複十次動作時，保持安靜。

「太棒了！下一組可以試看看這樣做（示範一項能讓動作更好的做法）。丟越大力越好！」

如果你要人們一次記住十件事，他們會一件事也記不住。一次只給一個指令。

你應該怎麼做：

- 在二十秒內說完你要說的。
- 三至五次的良好示範。使用的重量不是重點，你的示範才重要。
- 閉上嘴巴讓他們自己做。在他們重複幾次後，再介入提供想法或給予簡單的外在提示語。透過實作可以學習，如同聆聽與觀看一樣。
- 當然，如果他們有受傷的風險，你要趕快介入予以協助。

再次重複這個流程，如果你發現沒有改進，想辦法讓這項訓練簡單一點。

聞之而不見，雖博必謬；

見之而不知，雖識必妄；

知之而不行，雖敦必困。

　　—— 荀子

守則 ⑫

提示學員的PAF提示法：位置、動作、感覺。

在功能性肌力教練認證課程中，我最常被問到的問題是：「該怎麼提示學員這個動作？」

我的答案是PAF：**位置**（position）、**動作**（action）、**感覺**（feel）。

提示學員開始的**位置**，包括你們會用到的重量。

再來提示學員**動作**。最後提示他們應該會有什麼**感覺**。別提肌肉，因為多數人並不清楚他們會用到哪些肌肉。

訓練實例 ──
如何使用「位置、動作、感覺」提示學員

- **練習：使用箱子輔助的高腳杯深蹲**
  位置：找一個高度適合的箱子，讓你在深蹲時，大腿會平行地板。如果需要，可以加個墊子來調整高度。
  將啞鈴靠在胸前，手肘向內，雙腳與肩同寬，腳趾些微向外，腳跟碰觸箱子前緣。
  動作：利用腳踝的活動度，讓膝蓋盡可能往前移動。然後，

像是有彈力帶套在膝蓋上，讓膝蓋盡可能往外，再讓臀部往
後坐。臀部輕輕碰到箱子就好，不要放鬆或是整個坐下，想
像箱子上有顆雞蛋，別把它壓破了。

最後雙腳奮力站起，像量身高一樣挺直身體。不要夾膝或讓
腳跟離開地板，膝蓋保持朝外，腳掌貼地。

感覺：運動中，你的臀部、雙腳、核心會有感覺，但背部跟
膝蓋不該有。

● 練習：從地面開始的伏地挺身

位置：這個動作從地面開始，把胸部靠在厚的墊子或瑜伽磚
上，手肘與身體側邊呈四十五度，從上往下看，你的身體會
像一個箭號，而不是I或者T的形狀。

動作：勾起腳跟，膝蓋打直，讓下身離開地面。手掌的大拇
指對準腋下，往地面推，你的身體會像塊板子，臀部與肩膀
動作一致。

控制身體慢慢下降，每次都要讓胸部碰觸到墊子。如果沒有
碰到墊子，當次就不能列入計算。不要伸長脖子或是放鬆臀
部，記得要收下巴與夾緊臀部。

感覺：你的核心、胸部與手臂都會有感覺。伏地挺身像是移
動版的平板式，最主要鍛鍊的是核心，次要鍛鍊上身與手
臂。

守則 ⑬

三的力量 —— 每三次的訓練後，給予運動員適當的碰觸，呼喚他們名字且不要吝惜你的讚美。

訓練是門體育專業。

有時，我們要透過口頭給予指令或示範，還有動手指導，才能協助客戶做出正確動作。透過手部碰觸產生的動覺回饋，能幫助人們發展自我感覺，進而創造出更好的動作模式。

務必在動手指導前，獲得客戶許可。你可以詢問「在指導過程中，可以用手碰觸你嗎？」，或是「我想為你進行一些我覺得有幫助的調整，但會用到我的手，你會介意嗎？」

如果想動手指導，在場有第三者是最好的。當你與客戶或運動員單獨相處時，就不建議進行動手指導。

用力握手，碰拳，擊掌，輕拍肩膀，或是團隊圍成一圈，都可以歸類為碰觸。但相較於手放在他人身上，這些是較能被接受的肢體接觸方式。

在你工作所在的地區，務必確認工作上的碰觸其相關法律。每個州的法律都不一樣。

請考慮參加性騷擾防治課程。

教練的話，我推薦「女孩自由強壯」（Girls Gone Strong）

五日免費線上課程：「關於健身產業中的性騷擾，你可以做些什麼？」詳情可查看網址：https://go.girlsgonestrong.com/sexual-harassment

　　你認為是無害且好玩的笑話，對他人來說可能是性騷擾。教育自己與團隊如何認識與處理性騷擾事件。

關於名字與讚美的使用方式，也可參閱第75頁的守則26「說什麼很重要」與第83頁的守則31「記住每個人的名字」。

守則 ⑭

你只有二十秒的時間，
說完、示範，然後讓他們自己做。

當你準備示範動作給客戶看時，滴答滴～計時器開始倒數，動作示範跟口頭提示要在二十秒內完成。

人們看到的總比聽到的更多，沒有人喜歡聽演講。如果對某個動作有疑問，他們會主動詢問的。

我曾經聽過教練碎唸好幾分鐘，只為解釋一個動作。時間就是金錢，實作是最好的學習方式。省下多餘的指導與提示，把時間留給客戶，讓他們自己練習。

守則 ⑮

使用外在提示語取代內在提示語。

對於複雜或動態的動作，外在提示語被證實比內在提示語更有效。正因如此，我會盡量使用外在提示語和比喻來教學。（這裡的外在與內在是相對於身體而言。）

外在提示語：使客戶的注意力從自己的身體上移開。
外在提示語著重於外在環境看到的動作結果。

「把地板推離你。」
「跳起來，試著去摸天花板。」
「像吹生日蠟燭一樣吹氣。」
「腳跟貼在後牆上。」
「像量身高一樣站直。」
「把槓往天空拋！」
「在平衡木上進行單跪姿，讓雙腳排成一直線。」
「把彈力帶撐開。」
「想像要把槓折斷。」

內在提示語：使客戶把注意力放在自己的身體部位上。

內在提示語著重的動作結果，需要用到對解剖術語的理解，與個人身體的覺察。

「向外旋轉髖關節。」

「向後伸展你的腿。」

「活化××部位，收緊××部位。」

「吐氣並讓肋骨往下。」

「手肘再抬高一些。」

「手腕向外翻。」

「收緊闊背肌。」

「肩膀往後縮，挺胸。」

當你運用簡短的比喻，就能說明解剖與肌肉運動的專業，會讓客戶留下深刻的印象。解剖學術語對於教練的專業知識來說很重要，但客戶並不想聽解剖學講座。

了解客戶的需求並給予適當的提示語。

感謝尼可‧溫克爾曼（Nick Winkelman）教練對外在提示語的寶貴意見。

如果你對外部提示語有興趣，請參閱本書末第271頁的綜合列表。網站externalcues.com有不斷更新的外在提示語範例，你也可以分享自己的點子。

守則 ⑯

不要再說「啟動臀部」或「縮緊核心」。

我最常聽到訓練師用的兩個提示語是：

啟動你的臀部。

縮緊你的核心。

這些提示的出場機率很高，有點像背景雜音了。他們是內在提示語，對了解肌肉動力學的人們才有用，大部分的人都不適用。

換個方式，你可以試試看外在提示語，或透過指定姿勢或環境的約束，達到自我限制動作的效果，來**迫使**客戶使用核心與臀部。如此一來，當他們沒有啟動這些部位，就無法維持姿勢與完成動作。（關於外在提示語和自我限制的動作，可參閱上頁的守則15與第188頁的守則75。）

外在提示語範例

● 長高；試著讓頭頂去碰觸天花板（這會迫使臀部完全伸展並

啟動它）。

- 從頭頂至腳呈一直線，並且讓身體像板子一樣硬梆梆（迫使你使用核心）。

- 大嘆一口氣（肋骨向下移同時支配橫隔膜與深層核心肌肉的神經）。

- 試著用手把槓折彎（透過脊椎與功能線對臀部與核心產生影響，達到收緊闊背肌的效果）。

自我限制位置的範例

- 高跪姿與單跪姿──這個姿勢會限制使用的關節數量，然後反射性地觸發臀部與核心，讓身體保持平衡與穩定。

- 選擇夠重的重量，移動重量時就能迫使臀部與核心收縮。壺鈴硬舉是一個例子。舉起 8 公斤的壺鈴只需要活化少量的肌肉。反之，如果讓客戶使用 32 公斤的壺鈴，他們就一定得啟用主要肌肉，才能讓壺鈴離開地板。

- 使用酒杯式或架式握住重量適中的啞鈴、壺鈴或槓鈴，能固定胸腔並迫使核心、闊背肌與上背肌肉緊縮。

- 把瑜伽磚或瑜伽球放置在膝蓋中間用力擠壓，能啟動內收肌，深層內部核心，使骨盆後傾並緊縮臀部。透過棒式、伏地挺身、划船、橋式、臥姿彎腿以及站立推舉等等也可以做到。

守則 ⑰

課表中的每項動作都要進行「大便測試」： 如果它感覺像大便，聞起來像大便， 看起來也像大便，它很有可能就是大便。

什麼水準的姿勢與技巧是你能接受的？比「最佳」低一點可以嗎？你的底線在哪裡？

你永遠都為應該完美奮戰，這能降低因不正確姿勢帶來的傷害風險。但記住，你隨時要根據形勢做出判斷。完美是相對的，而且要看情況決定：

- 這個團體是初學者嗎？
- 這些年長客戶中，有沒有人行動不便呢？
- 這個人是否沒有能力完成這個動作？
- 是不是有個人可以做得更好，但正在偷懶呢？
- 我的示範與說明做得好嗎？

做為教練，你能控制是否要學員放棄某些事情。如果看起來像訓練動作，它才是訓練動作。如果你看完覺得「我不喜歡它看起來的感覺」，那就做些什麼來改善。

但不管你想做什麼，就是不要再增加重量。

　　如果有些動作看起來很糟，跟大便沒什麼兩樣，不要害怕去調整、更換你的課表內容或刪除某些運動項目。不要因為追求完美的課表，阻礙了客戶練習與發展良好的動作。

守則 ⑱

多一點鼓勵還是給一些挫折？

　　想知道什麼是運動員持續前進的動力嗎？。在《異數》（Outliers）一書中寫到四分衛教練湯姆・馬丁內斯（Tom Martinez）這麼說：對每個孩子來說，生活裡好事跟壞事參雜各半。如果今天有很多鳥事發生，我會給他一點甜頭。相反地，若是今天已經有太多開心的事，我會給他一些挫折。

　　你的言語可以幫助，但也可能傷害一位運動員。你的口氣、熱情和說出來的話，對運動員有長遠的影響。為了讓這個影響有正面的效果，你需要知道運動員的背景：他們的財務狀況是否穩定？是個天生好手嗎？父母是否跟他們站在同一戰線？如果是上述情況，你需要給他們一些挫折。這樣的「關愛」長久來看，對他們是有益的。這些運動員一直都處在讚美之中，很少遇到挑戰，也不用獨自克服困難。

　　給人挫折不代表要趁隙羞辱或殘忍地對待他們。相反地，你要找尋適當的時機，提供建設性的批評，然後把標準拉高，並在他們克服困難後給予肯定。

　　相反地，有些運動員需要的是鼓勵。他們在學習或工作上的表現不佳，也可能源自於家庭穩定性不足或是自尊心低下。他們一整天接收到的訊息都是「我不夠好」、「我不夠聰明」、

「我沒有才華」，好像他們沒有辦法完成任何事一樣。這種運動員需要像你這樣有影響力的人，拍拍他們的背、給他們鼓勵，最好在同輩面前公開稱讚他們的努力。他們非常需要源源不絕的正向力量。

　　所有的運動員都會從自己尊敬的對象身上學習紀律與規範。這項守則需要有覺察的能力，搭配技巧與努力才能完成。優秀的教練會深入了解他們的運動員，能夠感受與理解他人情緒，是指導很重要的一部分。

守則 ⑲

別在課表中安排你做起來不自在的動作。

如果你在示範或指導硬舉時會覺得不舒服，請不要把這個動作排進客戶的課表中。舉例來說，如果客戶堅持要做奧林匹克舉重，但你還不熟悉或是沒有指導過這個動作，有下面幾種做法：

- 指導時，找一位精通奧林匹克舉重的運動員來示範。
- 找動作良好的奧林匹克舉重影片，用慢速與正常速度兩種模式播放給客戶觀看。
- 誠實告知客戶你不適合這項工作，協助他找到對的人來幫忙。
- 學習奧林匹克舉重，美國舉重初級課程（The USA Weightlifting Level 1 course）是個很好的起點。
- 你可以拒絕，不要害怕說「不」。這些都是技術性動作，做為教練的首要工作，就是確保客戶不會受傷。也可以告訴客戶，先訓練幾個月後再來評估。如果客戶堅持，就幫他們找個奧林匹克舉重的教練。

成功不只一種方式，選擇你能夠示範與指導的動作來進行教學。

守則 ⑳

不要在房屋著火時修剪草坪。

這跟教練的教學有什麼關係？

- 如果客戶還沒辦法控制落地動作，就不要要求他們跳上、跳過跳箱或柵欄。
- 別安排衝刺訓練給容易同手同腳的客戶。
- 如果客戶基礎肌力較低，不要用體重百分比來為他選擇訓練的重量。
- 若客戶在硬舉時圓背加上膝蓋往內夾，別叫他「收下巴」。

我常看到教練在指導初學者時，在客戶動作跑掉的情況下，教練反倒專注在小細節上。

這種指導方式不及格。回歸基礎，指導初學者時，應專注在原理與指正主要錯誤上。

進階的技巧，可以保留到後面再教學。

守則 ㉑

教學時，不要雙手環抱胸前、靠在牆上、過於靠近客戶身旁、手插口袋、背對客戶或是坐下。

肢體語言很重要 —— 大家無時無刻不在觀察。你的站姿、坐姿以及移動的方式，等於在暗示客戶你的態度，要讓他們知道你是安全且平易近人的。

你的姿勢傳達了哪些訊息呢？回去觀看你在第一個練習時所錄下的影片。

肢體語言	傳遞的訊息
雙手環抱胸前	「我想跟你保持距離。」
靠在牆上或坐下	「我覺得又累又無聊。」
過於靠近客戶身旁	「我不尊重你的個人空間。」
手插口袋	「我很緊張，沒什麼自信。」
背對客戶且心不在焉	「有其他更值得我注意的東西。」

守則 ㉒

音量不要太大也不要太小 —— 剛好就好。

讓自己果斷自信，最簡單的做法是：用適當的語調把話說出來。「語調」與「說話音量」這兩種技巧，都可以透過學習變得純熟。

有幾個方法可以讓你的音量適中：

- 找個助理教練站在團體課成員的後面，透過他的大拇指向上或朝下來提醒你音量該怎麼調整。
- 直接和團體快速確認：「麥可，你可以聽到我的聲音嗎？」
- 觀看你在練習一時拍攝的影片，如果聲量從一到十，你的聲音落在哪個數字？

大型的團體班在上課時，把你的音量調整到「八」左右。但如果是四、五人的小團體，音量「六」會比較適合。

在下一堂課開始之前，你應該先思考課堂成員有多少人，組成為何（比方說，是一群十二歲男孩，或是有男有女、四十歲以上的成年人），以及環境的背景音量。這些因素都會影響你的音量大小。

　　當你已經能夠控制音量了，就要把注意力放在語調上。你的語調能夠告訴客戶哪些是重要事項。它能夠傳遞情感，可以表達你對這堂課的期望，或是調整課堂的氣氛。如果你希望運動員認真並集中注意力，就使用嚴肅的語氣；如果客戶這個禮拜過得很辛苦，你可以用正向有活力的語氣。

　　規畫你的聲音，並在關鍵的時刻善用它，它會是個強而有力的武器。而這項武器，你在今天就能開始練習掌握它。

守則 23

斥責學員也無法讓他動作變好。

不管你在高中或大學的重訓室裡有過什麼經驗，或是在電視節目《減肥達人》（*The Biggest Loser*）或《美國肌肉》（*American Muscle*）中看過什麼，對某人大吼大叫，是沒辦法讓他動作變好的。

如果缺乏能夠完成這個重量的活動度與肌力，那你要克服的不是心理障礙。當學員的身體能力無法完成這個動作，對著他吼叫是很差勁的指導方式。

恐懼是一種糟糕的長期策略。吼叫所造成的壓力與負面情緒，會影響進步與表現。如果吼叫有用，我們早就這麼做了。

在適當的時機與地點，你可以提高音量來激勵客戶，但不要把它當作唯一的工具。

守則 24

提示語不要以問號作結？

這種句子又被稱為「半疑問句」。你知道自己在說什麼，但是當你的提示語以疑問口氣結束時，會聽起來沒自信且不確定。

大聲唸出下列句子，並留心句末的問號。

- 請你把膝蓋帶往胸部位置？
- 我希望你用一隻腳站立？
- 你這裡會有感覺？

所有的提示語都應該清楚且直接。

守則 25

不要讓客戶獨自做體能訓練。

　　凱文・尼爾德（Kevin Neeld）的〈不要獨自一人體能訓練〉
（No One Conditions Alone），是我最推薦的前五大體能文章之
一。體能訓練（conditioning）是力量與體能訓練（strength and
conditioning）過程中最不討喜的。肺部疼痛，結束後會筋疲力
竭，大家都疲憊得只想回家。不要在傷口上灑鹽，讓客戶獨自
做體能訓練。

　　你可以將訓練中令人討厭但不可或缺的這一部分，轉變成
激烈的競賽。要怎麼做呢？你可以把人分成兩個、三個或四個
一組，如果有落單的人，**你**就加入他們。

　　有你的陪伴，他們能跑得更快、結束時會更強壯，並且更
加尊重你。因為一起努力克服困難，能讓關係更緊密。這也是
團體訓練的力量很強大的原因。

守則 26

說什麼很重要。

指導學員時，有些話永遠也不要說：

- 我可以（或我不能）修復你。
- 你的臀部（或肩膀或膝蓋）超緊的！
- 你真的一團糟，我都不知道該怎麼開始。
- 如果剛剛有做到「這個動作」，你可能就成功了！
- 好吧！那很簡單，不要再做「那個動作」就好了！
- 這是我聽過最蠢的事了！
- 你的教練根本不知道自己在說什麼！

我們說話的方式可以再精進。

在健身與復健領域，常會聽到人家說「修復」，我個人很不喜歡這個字眼。人不是車子，不會壞掉。沒有人需要被修復，他們需要的是指導。

客戶們或許對於自己需要尋求協助，而感到不好意思。不要提「修復」，你可以告訴他們，這是一個進步的機會，與他們一起制定計畫。

情境很重要（見守則一）。在某些情況下，考慮客戶的環

境、遺傳、情緒以及財務狀況，他們呈現的或許已經是最佳表現了。

　　如果你把注意力放在他們做不到的事情上，或是指正他們的缺點，反而會加深他們的不安全感。你的責任是教育客戶，以正向的態度告訴他們應該怎麼做。

　　有些時候你可能會說錯話。如果事情發生了，誠心道歉並在下次改進。老師、教練或導師這種身分，應該對自己的話語更加謹慎，說話方式也該深思熟慮。

　　想了解更多關於肢體語言和透過非言語交流的方式來「說」，可以查看第236頁的守則95「你就是會走路的廣告看板」。

　　我也推薦威廉・米勒（William R. Miller）與史蒂芬・羅尼克（Stephen Rollnick）的系列作品《激勵對談》（Motivational Interviewing），裡面有許多增進說話方式的策略。精確營養（Precision Nutrition）的約翰・布拉迪（John Berardi）博士與克莉絲特・史考特・迪森（Krista Scott-Dixon）博士有一部三十分鐘的免費影片在簡介激勵對談，你可從下面網址觀看：

　　https://www.precisionnutrition.com/motivational-interviewing-free-seminar。

守則 ㉗

提示語不要用到縮寫、簡化詞、解剖學術語或行話。

還有當你在為動作命名時，不要用國名或是專有名詞。不只聽起來很弱，還會讓人困惑。

指導時使用高深的字彙或是縮寫，只會讓訓練變得複雜。你用的詞彙要簡單且能描述事物，確保客戶能跟上訓練的節奏。

這樣做也能讓你跟團隊方便溝通。如果你想渡個假，需要把客戶交給其他同事，你要確保每個人能夠毫無疑問地了解你安排的每一項動作。

下面是一些效率不彰的動作名稱與術語：保加利亞蹲、帕洛夫推、羅馬尼亞硬舉、傑佛森彎曲、土耳其起立、俄羅斯轉體、闊背肌、足背屈、內外旋、軸向負荷、能量系統發展、高跪姿過頭推、左側髖臼內旋……，還有你知道的那些。

相反地，你可以規畫一個動作是「後腳抬高壺鈴高腳杯分腿蹲，離心五秒」。

上述動作的名稱就是完整的描述，也讓客戶知道你要他們做什麼。當然上述例子很極端，但你懂我想說什麼。

當領導者使用縮寫、解剖術語和行話時，這是一種「專家的詛咒」。這是假設每個人都知道你知道的事情。它會讓你和

客戶還有同事們產生距離。

　　教練不是在比誰知道比較多，而是誰能夠清楚溝通，沒有誤會。

　　讓你說出來的話簡單易懂，能清楚描述事物且前後一致，你會是個更好的教練。

　　　　　　不要試著展露你有多聰明。

　　相反地，你應該努力證明自己是個優秀的老師。

我現在相信讓事情保持簡單的關鍵在於盡力讓事情變得簡單。

　　　　　──麥克‧波羅伊

守則 28

**如果需要提示客戶或運動員超過三次
來幫助他們修正，不是重量太重，
就是活動度有問題，或者是你沒有傳達清楚。**

再讀一次。

守則 29

停止使用填充詞。

　　所以，嗯，當你在指導客戶時，啊，如果用了這些詞語，嗯，聽起來就像是，你根本不知道自己在說什麼。你知道吧？對嗎？

　　在上課的時候，用到這些贅詞，會讓自己感覺很不專業。只要告訴學員他們需要知道的事情就好，其他都可以省略。說話的時候，可以在句子結束時稍微停頓。這些停頓可以給你一些時間去思考接下來要說什麼，也讓和你說話的人有時間去消化你剛剛說的事情。

　　以下是一些常見的填充詞，你可以思考一下它們的必要性：

很明顯地（obviously）

　　如果事情這麼明顯，人們還需要尋求我們的指導嗎？在教學時使用這個字詞，聽起來讓人覺得教練高高在上。

　　例：很明顯地，腳要放在這裡。

可能（probably）、基本上（basically）、也許（Maybe）

　　這些籠統的字眼讓你聽起來不太有把握。

例：「基本上，你要跳起來碰到那邊，然後落地時可能是像這樣……」

老實說（honestly）

這是否表示其他時間你都不老實？

例：老實說，我不覺得這是個好點子。

你知道吧？對嗎？（You know? Right?）

不，我不知道。而且我也不確定你說的是否正確。

例：深蹲時碰到箱子就站起來，你知道吧？膝蓋要向外，對吧？

把這些填充詞從對話中移除需要刻意練習。當你發現自己常用到這些字，停下來，練習說出沒有這些填充詞的句子。

守則 30

一次提示一個人。

眼神交流是一門奄奄一息的藝術。我們的眼睛一直盯著螢幕看，面對面的互動越來越不頻繁，即使坐在彼此身邊也一樣。我們不喝咖啡聊天，取而代之的是打字傳訊息。在現代社會，學會簡單的眼神交流技巧，能讓你與眾不同。

眼神交流不是指盯著人家看，讓對方感覺不舒服。在進行一對一訓練時，你可以一邊給予指令，一邊與對方眼神接觸，接著再示範動作。然後重複一次，給予指令並和對方眼神接觸，當你從對方眼神得到回應再示範動作。

以下是幾個你應該進行眼神交流的原因：

- 可以抓住聽眾們的注意力。
- 你可以從表情判斷學員們對上課內容是理解或感到困惑。
- 你會放慢腳步，慢到所有人都能吸收上課的內容。
- 讓你看起來有自信。

眼神沒有交流，指導的對象和你會漸行漸遠，失去連結。

守則 ③1

記住每個人的名字。

卡內基曾經說過：「對每個人來說，在所有語言中，他的名字是世界上最甜蜜、最重要的聲音。」

記住名字是一種技能，是一件需要練習才能進步的事。

我也曾經是那種會說「我真的記不住名字」的人。但現在，當我認識一位新朋友，我會先叫對方的名字，然後說「ＸＸ，很高興認識你！」最後，我會在談話時再提到他名字一次。

對話大概像這樣：

「嗨！我是布蘭登。」

「嗨！我是凱斯！」

「凱斯。很高興認識你，凱斯。（稍停）那麼，凱斯，你今天為什麼想來健身房呢？」

我的同事凱文・卡爾在第一次為團體班上課時，會隨身帶一本記錄名字的記事本。他會在健身房繞一圈，寫下每個人的名字，並記錄一些他覺得可以在對方身上學到的有趣的事。

另一個幫助記憶名字的方法是聯想。當你認識一位新朋友時，試著將他的名字和第一個進到你腦袋的事物連結在一起。

名字：蓋瑞。

第一個想法：海綿寶寶的蝸牛。

名字：湯姆。

第一個想法：湯姆‧布雷迪，傳奇四分衛。

名字：泰勒。

第一個想法：泰勒絲，我女兒最愛的歌手。

　　每次互動結束後，你都應該記住對方的名字和關於他的趣事。如果你想變得優秀，不要有「我就是記不住名字」這種藉口。

守則 32

當客戶有疑問時，提供絕佳的示範，並保持熱情、微笑跟友善。

做到這四件事，能讓你的專業之路走得更長遠。如果人們喜歡跟你在一起，認為你總是把他們的利益放在心上，他們就聽得進去你說的話。

我曾經問過麥克‧波羅伊教練：「我應該去取得什麼證照？」他回答：「去拿個CNP吧：Certified Nice Person（受認證的好人）。」想教導人們程式、系統科學、銷售、哲學並不困難，但想讓人們變得更好卻不容易。

知識與能力要用時間和經驗來堆疊，但熱情、職業道德、友善、正向和熱於助人，卻是你當下就能控制的特質。

你是否曾經和一個開心的寶寶一起在候診室等待？裡頭的每個人心情都亮起來了！熱情是會傳染的，如果你喜歡自己，享受工作，你的客戶也會享受這一切。這是一件很棒的事，因為訓練一點也不輕鬆。

成為客戶一天當中最好的部分，來訓練的客戶將源源不絕。

刻意練習 ①

清楚溝通的刻意練習

自我評估概述

為了了解你指導技巧的水準，請幫自己拍攝指導特定動作時的影片，對象是單一客戶或團體皆可。

簡述

知道自己指導技巧的水準後，可以讓你從客戶的角度來聽和看自己。

指示

如果你還沒完成第38頁的練習一，請拍攝自己指導以下動作的過程：

- 深蹲
- 伏地挺身
- 硬舉
- 引體向上或啞鈴划船
- 肘撐棒式

　　然後，拍攝你一對一課程的訓練過程，如果你有團體班，也請拍攝團體班的上課過程。

評估

　　使用你**指導特定動作的影片**來完成以下的評估。

　　請以下述標準，為自己評分。需要刻意練習是「一分」；需要稍微改進是「兩分」；不需要改進的話是「三分」。

- 在二十秒內給予動作提示語。
- 使用外在提示語。
- 提示語不以問句或疑問口氣結尾。（直接陳述）
- 不使用填充語。
- 充滿活力。（你想給予客戶能量還是消耗他們能量？）
- 保持微笑。
- 音量與聲調會配合環境調整。
- 不使用縮寫詞、解剖術語或行業術語。

　　使用你**一對一或團體課程的影片**來完成以下的評估。

　　評分方式相同。需要刻意練習是「一分」；需要稍微改進是「兩分」；不需要改進的話是「三分」。

- 在二十秒內給予動作提示語。
- 使用外在提示語。
- 提示語不以問句或疑問口氣結尾。（直接陳述）
- 不使用填充語。
- 充滿活力。（你想給予客戶能量還是消耗他們能量？）
- 保持微笑。
- 音量與聲調會配合環境調整。
- 不使用縮寫詞、解剖術語或行業術語。
- 讓人們排成一排，而不是圍成一圈。
- 和每個人眼神交流，且一次只提示一個人。
- 不讓任何人獨自做體能訓練。
- 為每個動作做解說且示範。
- 不做下列動作：雙手環抱胸口、靠在牆上、過度靠近客戶、背對客戶、坐下以及把手放口袋。
- 三的力量：適當地碰觸，稱呼他們的名字並給予每個人稱讚。
- 不過度指導。（有時最好的提示是沒有提示。）
- 每一個我教導的動作，都能正確示範給客戶看。

現在，是刻意練習的時候了。

刻意練習 ②

指導單一動作的刻意練習

概述

請完成下列三個刻意練習，來提升指導單一動作的能力。

指示

- **第一個練習**

  選擇一個自我評估指導的動作（深蹲、伏地挺身、硬舉、啞鈴划船或是肘撐棒式），然後拍攝你使用**PAF（位置、動作、感覺）提示法**來指導該動作的過程。

  在拍攝影片前，先思考你想說什麼並寫下來。

- **第二個練習**

  現在，選擇第二個動作，同時使用PAF提示法**及外部提示語**來指導該動作並拍攝影片。有個地方要特別注意，感覺（F）永遠是內部提示語。

  你可以在拍攝影片前，先將想使用的外部提示語和比喻方式寫下來。

  * 外在提示語清單請參閱第271頁

- **第三個練習**

  選擇另一個不一樣的動作，**在二十秒內**，使用PAF提示法及外在提示語指導該動作並拍攝下過程。

- **重新評估**

  再次觀看你的自我評估影片，並列出**三個**你認為需要改進的**指導守則：**

  例：使用少一點填充詞

　　重新拍攝指導這五個動作的影片，但這次要做到下述幾件事：

- 用 PAF 提示法。
- 使用外部提示語。
- 在二十秒內完成指導。
- 改善你在上述評估中所列出的三個守則。

獎勵

　　你可以運用上述練習的技巧，來建立指導動作的影像資料庫，裡面包含你為客戶規畫的課表中所有的動作項目。這也為你創造了另一個練習的機會，同時還能從客戶與同行那邊得到回饋。

額外的好處是，你可以把影片放在文章中或報告裡，也可以用於行銷或線上課程。現今網路世界盛行，建立運動影像資料庫勢在必行。這不用什麼資金，但需要時間與心力。

當你把影像資料庫建立起來之後，把最終的影片與一開始的評估影片相比較，你有發現哪些地方進步了嗎（像是肢體語言、聲音、清晰度等）？不是每個人都會採取這些步驟來改善溝通技巧，但你會。所有優秀的教練與領導者都會。

刻意練習 ③

指導一對一與團體課的刻意練習

概述

如何將在「刻意練習2」所學習到的技巧,運用在現實生活中的客戶與團體課成員。

指令

觀看你在「刻意練習1」用來自我評估所拍攝的一對一或團體課影片,寫下五個你認為最需要改善的狀況。

將上述事項依難易程度排列,排序一是最容易改善的,五則是最難。

改變的第一步是「察覺」。這也是為什麼每一個優秀的運動員與冠軍隊伍都會觀看賽事錄影的原因。

未來五週

每週專注在提高一項技能上。從最簡單的開始。第五週將是最具挑戰的技能。

當你刻意練習五週後,重新拍攝你指導一對一與團體課的過程。如果能付費找位教練或請你老闆站在旁邊,記下他們所

看到的情況會更好。

　　當你進行自我評估後，有哪些地方具體改善了？不是每個人都會投注心力去發展溝通技巧，但長遠來看，你會很高興自己這麼做。

希望有其他教練觀看你的影片嗎？

　　在Instagram上與我分享你的影片。標註 @CoachBrendon Rearick 並使用主題標籤 #CoachingRules，我就能收到通知了。你也可以發送郵件至 CoachingRules@gmail.com。

希望有人帶領你負責任地從頭到尾完成整個過程嗎？

　　我很樂意成為那個人。我們根據本書的刻意練習部分，提供了一個為期六週的**好教練的養成之路**課程。

　　我將帶領你逐步完成製作指導影片，並提供建設性且實用的回饋。你會學到如何在指導過程中給予提示，如何避免無關緊要的用語，以及哪些字句能幫助客戶學習動作。

　　你可以到 Coaching-Rules.com 了解更多課程內容。

第二部

如何安排課表：
保持簡單

在教練這個領域，安排課表既是挑戰，也是獎賞。它很有挑戰性，因為有數不清的考量和變數。同時，客戶們也會認為自己值得你為他們規畫不一樣的東西，期望自己的課表會與眾不同。

　　它也是一種獎賞，因為你能看見自己的計畫被付諸實現。你安排課表，客戶投入其中，然後他們會得到成果。

　　但客戶對於課表的觀點是錯誤的。我們訓練的對象是人，所有人都是由相似的系統組成：神經系統、骨骼系統、肌肉系統、呼吸系統與心血管系統。

　　當然，每個人走出健身房，在戶外會參與各式各樣不同的活動，但每種運動用的都是共通的動作模式。做為教練，你可以使用不同的強度或方法來執行這些模式，但動作總不脫離：推、拉、鉸鏈、深蹲、負重行走、折返跑、抵抗重力和旋轉。

　　不用為每個客戶發明新動作，你要做的應該是完全了解身體結構及其動作模式，並掌握每個人的細微差異及活動需求。簡單為主，一致性為輔；你需要這兩者來讓改變成真。

　　以下守則能幫助你決定，為客戶安排課表時，應該專注在什麼地方。

守則 ③

重要的事，每天做。

　　這個概念因為丹・蓋博（Dan Gable，美國摔角傳奇）聞名，而我是透過丹・約翰認識它的。就像為什麼要天天刷牙？因為我們知道不這麼做的後果是什麼。

　　你日復一日地重複那些對健康、成功、人際關係還有心理狀態重要的習慣。事情並不容易，也不會永遠都很順利，但因為它重要，所以我們總會想辦法完成。

　　訓練也是相同的道理。如果訓練跟健康如此重要，我們就該想辦法每天完成它。

　　為客戶規畫課表時，動作模式是最重要的。所以，每一次的訓練中，每個動作模式都不可或缺，因為各個動作模式即對應了某種身體能力。（更多關於動作模式的內容，可參閱下一守則「練動作，不是練肌肉」，以及第166頁守則64「若客戶需要，把它當作矯正運動；若客戶不需要，它們就是熱身」。）

　　比方說，課表裡應該包含幾種不同深蹲模式，但這不代表你要讓客戶每天辛苦地蹲大重量。你可以讓他們做徒手深蹲、單腳蹲、分腿蹲、輔助式深蹲、側蹲、大重量深蹲、小重量深蹲、最大反覆次數深蹲、低反覆次數深蹲、碰腳趾式的深蹲、彈力帶輔助深蹲、單邊負重深蹲等等。

　　如果你希望客戶可以做好某件事，他們就需要每天重複做
這件事。你可以改變負重、位置或環境來做一些調整。

　　什麼對你和客戶來說很重要呢？他們應該每天做什麼？

守則 ③④

練動作，不是練肌肉。

動作模式可以分為五類：推、拉、蹲、鉸鍊和反核心（反核心動作是為了讓脊椎不要過度彎曲、伸展或旋轉）。這幾類動作又可細分為水平、垂直及單向與雙向。健身房的每一樣訓練動作，都可以被歸類為其中一項。

一個完整的訓練日，你可以為這五類動作都安排一項動作。如果你訓練動作模式，你可以練到所有的肌肉；但反過來卻不見得如此，訓練個別的肌肉或是肌肉群，並不符合身體系統的工作模式 —— 也就是所有的肌肉一起合作。

訓練單一肌肉或肌肉群（像是週一練胸，週二練背，週三練腿），在健美領域很常見，能讓你看起來身材很好。但想要健康、身體素質良好，每週以動作模式訓練三至四次，才是最佳方式。練動作模式還有個額外好處，你的客戶不只能看起來身材很好，動作也會更靈活。

可參考凱文・卡爾的著作《功能性訓練解剖全書》（*Functional Training Anatomy*，暫譯），你能更全面性地理解這些常見的動作訓練與日常活動的關聯。

訓練動作模式可以讓你練出肌肉，

但練肌肉卻不一定能幫助你練好動作模式。

——格雷・庫克（Gray Cook），功能性動作檢測

（Functional Movement Screen, FMS）創辦人

守則 ㉟

學習指導客戶的呼吸方式。

沒有唯一「正確」的呼吸方式。呼吸方式要由當下的情況來決定。

以下情況要怎麼做呢？

指導客戶舉重時？要求他吐氣並進入適當的姿勢，接著在重量離地前，先吸入適量的空氣好堅持下去。

什麼是適量的空氣？要足以喚醒橫隔膜與深層核心肌群，但又不能像伐氏操作（Valsalva maneuver，持續閉氣用力）那麼多，否則身體無法得到新鮮氧氣在體內移動的好處。

指導人們如何在跨越足球場四次的衝刺訓練（gasser run）後復原？讓他們把手放在膝蓋上，而不是頭上，然後透過鼻子吸氣，嘴巴吐氣。如果把手放在頭上，會限制胸部的擴張，讓腹部處於不利於呼吸的位置。

指導高反覆次數的壺鈴擺盪呢？壺鈴往上時用力吐氣，往下時吸氣。在壺鈴往上時吐氣，可以改善肋骨位置與使核心緊縮。在壺鈴往下時吸氣，能夠抵消壺鈴通過膝蓋時的動量所導致的屈曲，並帶來亟需的氧氣，好進行連續的重複擺盪。

指導某人短跑衝刺？頂尖的衝刺選手使用的技術各異。有的人會屏住呼吸，但也有人選擇在比賽中控制呼吸。

　　找出對你的運動員最好的方式，若他有傾向自然以及自我選擇的策略，就不需要過度指導。

　　伸展？讓客戶深深地吐氣與吸氣，試著在吐氣時放鬆伸展。如果身體有抑制的狀況，在吐氣最後停頓五秒很有幫助，是減輕組織、身體與大腦的壓力的理想方式。

　　綁鞋帶？他們不需要屏住呼吸或是用力呼吸。

　　睡覺？這時身體與呼吸都應該放鬆，只用鼻子呼吸。鼻子是用來呼吸的，嘴巴是用來吃飯的。

　　你現在應該明白，只使用一種策略來應對生活中的所有狀況，一點好處也沒有。

　　但下背痛的人只使用一種呼吸策略，當他們試著綁鞋帶，從坐姿改成站姿，還有穿襪子時，都會傾向屏住呼吸，跟他們嘗試硬舉三百磅時的呼吸方式一樣。

　　氣管狹窄的人必須以不同的方式呼吸，才能夠生存，他們在夜裡有時會打呼、睡眠障礙或是呼吸暫停。使用跟其他人相同的呼吸方式，對他們可能有害。

　　你不會希望他們硬舉三百磅時，使用和瑜伽課放鬆時一樣的呼吸方式。在這個時候，我們要他們清醒、緊繃、有力地屏住呼吸。

　　做為教練，你應該協助客戶發展從放鬆到緊繃時不同情況下的呼吸策略，也要讓他們知道什麼時候適用哪一項方式。

　　多數人沒有學過如何呼吸，因為我們原本就在呼吸，所以

預設做「呼吸」這件事的方式一定是對的。讓客戶意識到呼吸是一項需要學習的技能，可以改變他們的生活。

你可以學習研究不同的呼吸訓練技術，了解之後，就能給客戶許多的選擇。可參考以下單位或是呼吸法：姿勢恢復研究所（the Postural Restoration Institute）、氧氣優勢（Oxygen Advantage）與布泰克呼吸法（The Buteyko Method），也可閱讀詹姆士・奈斯特（James Nestor）的《3.3秒的呼吸奧祕》（*Breath*）一書，了解更多呼吸策略與深入的呼吸解剖學。

注意你的客戶如何呼吸。做好準備，再給予客戶符合情況的回應，讓他們的呼吸模式能夠更加呼應需求與當下的工作任務。

守則 36

安排課表跟你的喜好無關。

在開始一個新客戶時，對談與評估是最重要的首兩件事。
在客戶回答下列問題前，不要對課程規畫有任何假設：

- 你的健康狀況如何？
- 是否曾經受過傷？
- 你過去的運動概況？
- 為什麼想訓練？
- 你有多少時間能投入訓練？

知道他們的生理狀況、目標與投入程度這些資訊，才能為
他們進行訓練。但是，很多教練訓練客戶的方式，跟他們訓練
自己的方式完全一樣。

- 我做 CrossFit，所以你今天的菜單是……
- 我是健美選手，星期一都是臥推日，所以就練胸和三頭
  肌。
- 我是奧林匹克舉重選手，明天你就練上搏和抓握硬舉。
- 我喜歡功能性訓練帶給我的感覺，所以你所有的訓練都

　　是從滾筒按壓和矯正運動開始；每種動作模式都練得到，最後都是以間歇訓練收尾。

- 我愛壺鈴，所以這週你可以練抓舉高拉、壺鈴風車和壺鈴擺盪。
- 瑜伽改變了我的生命，所以你也一起練下犬式、鱷魚式與勇士式。

　　認為自己的方法最好是很合理的事，你用練自己的方式來練別人是因為：這方式對你有效。相信「對蜜蜂好的，當然也對蜂巢好」是我們的天性。

　　但你需要退後一步來看客戶。

　　如果你的客戶想要參加健美比賽，但你卻提供運動表現訓練與瑜伽課程，你的方法可能讓他無法達成目標。你當然可以搜尋所有關於健美的資訊，把它變成你的副業。但對這個人、這份工作來說，你真的是最適合的教練嗎？

　　有時最正確的做法是，把他介紹給另一位教練。你需要知道什麼時候要把球傳出去。把客戶轉介給其他人並不丟臉，對你和他來說，這樣才是雙贏的局面。

守則 37

挑選重量時，一次前進一點點就好。

長期來看，簡單的線性成長是成立的。每週加個五磅，理論上來說，經過十二週之後，客戶的負重就增加了六十磅！

或者，你也可以換個方式：重量維持不變，去增加反覆次數。

對安排課表來說，這是個簡單但有效率的方式，不過有幾個地方要特別注意。

如果你突然有機會和運動員合作，這通常是在沒有練習與比賽的淡季。這種淡季的訓練機會，時間大約只有兩到四個月。如果你在安排大量的特定訓練前，先進行八週的一般體能準備期（general physical preparedness, GPP），那你不太可能會脫離線性成長的階段。

但如果你訓練人夠久，總有機會遇到一些成人客戶或是年輕運動員，他們的進步會超越線性成長。我自己發現，另外也有其他教練與我分享，當一個人持續訓練兩到三年，那麼使用百分比訓練、三相訓練、共軛訓練、速度依循訓練，或者其他週期化訓練，是比較有意義的。

不妨思考一下：即使你的客戶負重每週只增加兩磅，但一年五十二週下來，他的負重可以增加一百零四磅！沒什麼特別

的花招。這個公式一點也不複雜，需要的只是持之以恆，以及比較年輕的訓練年紀。

花兩到三年的時間，專注在力量與肌肉的增長，

對多數運動員會有很大的幫助。

下一步的重點，是追求更符合他們專項運動的品質。

——麥可・隆卡拉提（Mike Roncarati），NBA 物理治療師

守則 38

> 「以終為始。」
> —— 史蒂芬・柯維（Steven Covey）

在你第一次與客戶碰面時，要先問兩個重要的問題：

你的目標是什麼？

你想花多久時間達到目標？

如果你知道客戶的目標是什麼，以及能有多少時間完成，就可以用逆向工作的方式來規畫今天、這個星期，以及這一年的工作，有意義地朝著這個目標前進。

舉例來說，假如有個膝蓋受傷的運動員來找我，他對上述兩個問題的答案是：「我想要再次踢足球」以及「九個月後」。我會利用上述資訊，列出九個月後他身體完全康復時，我希望他有能力做的事情。

一旦有了這個清單，我會先把所有膝蓋無法負荷的運動刪除，替換成他現階段可以完成的訓練。雖然我會拿掉同時使用雙腳的下肢運動，但運動員健康的那一側下肢，還是有能力完成單腳訓練，且多數的上肢與核心運動也會保留。

你可以想成，他的身體有兩成處於受傷狀態，但八成是健

康的。所以這個人有八成的身體比例，是可以也需要訓練的。

　　我有九個月的時間可以訓練足球員，我們會以四週為一階段的方式進行訓練，用逆向工作的方式，從目標出發，去建構這九個月所需要的能力。

　　沿途當然有障礙，但有目標，就有動力前進。

　　關於帶傷訓練，很有趣的一件事是：與全身轉移相關的研究顯示，在受傷未訓練的肢體上，仍然會有很顯著的訓練效果。平均來說，在未受訓練的肢體上，你可以看到7%至11%的肌力成長。

　　那麼，你會想把健康那一側下肢的能力，拉低成受傷那一側的水準；還是想把受傷那一側的能力，提高到和健康那側相同呢？

　　答案很明顯是後者。

守則 39

休息週內建在你的課表之中；
它們稱為「生活」。

　　除非你訓練的是舉重選手或奧林匹克運動員，否則不需要特別安排減負荷或減量週。只有在長時間累積大量訓練量或訓練強度後（大約是六到八週的時間），才需要安排減負荷或減量週。

　　你多數的客戶的訓練量，並不需要減量或減負荷。他們不會像專業運動員一樣「辛苦」，每天訓練兩小時以上，每週訓練六次，持續八到十二週。

　　我很少聽到有人過度訓練。比較常見的，反而是人們因為睡眠不足、營養不良，或其他不好的生活習慣，造成身體沒有辦法恢復。

　　但生活為我們安排了「停機」時間，它們會以下列形式出現：

- 受傷
- 小孩生病
- 車子進廠維修
- 家庭旅遊

- 假期
- 颱風天
- 工作截止日

事情好像不太順利，不要緊！我們應該歡迎這些休息的機會，這是宇宙讓你的客戶放慢腳步的方式。

雖然你在教科書中讀過減量或減負荷的觀念，但一般客戶或運動員，並不需要休息甚至是比較輕鬆的訓練週。

不過當你發現運動員的壓力過大時，可以先減少高強度訓練，並詢問他們目前的生活方式與習慣。調整訓練負荷，來滿足每個客戶的生活需求。

守則 ④⓪

如果……那麼就……
── 你和課表都需要有點彈性。

在《刻意練習》（*Peak*）一書中，作者安德斯・艾瑞克森（Anders Ericsson）將工作上成功的人描述為「如果／那麼」類型的人。他用頂尖銷售員做例子：如果你不想買**這個**，他們可以提供你**那個**。如果你那個也不想要，他們還是可以找出其他東西提供給你。

教練也是一樣的邏輯。

場景：今天班上有九個人。白板上是你安排好的課表：引體向上。但在九個人當中，只有四個人能以正確姿勢完成這個動作。那其他五位該做什麼呢？

你需要為他們安排其他適合的動作，這個動作可以讓他們持續進步，目標是最終能做出正確的引體向上。這安排可能是，三個人做彈力帶輔助引體向上；一個人做滑輪下拉；另一人因手高舉過頭時會疼痛，所以做吊環划船。每個人都在做「引體向上」，不過他們做的，是最適合自己的版本。

考慮場館動線，以及客戶的能力、年齡、受傷狀況與運動專項，每一個動作都應該有系統性的進階與退階動作。這讓你有能力說：「如果你不能做這個，就改成那個。」

　　白板上安排好的動作，應該隨著客戶的能力來做調整。你需要了解並熟悉動作的進退階模式。

　　完成功能性肌力教練的認證課程，成為「如果／那麼」類型的教練。透過 CertifiedFSC.com 了解更多課程內容。

　　不要讓客戶適應課表，應該讓課表配合客戶。
　　── 艾瑞克‧克雷希（Eric Cressey），
　　大聯盟選手肌力體能教練

守則 ④

墨菲定律 ── 可能出錯的事就一定會出錯。

你或許發現自己正在想著，不會有人因此跌倒吧？結果下一秒就有人跌倒了。壺鈴不可能打穿鏡子吧？但事情就這樣發生了。當一個男孩在臥推時，另一個男孩不會開玩笑打他的私處吧？但下一刻你卻必須打電話，向他們的父母解釋事情是怎麼發生的。應該不會有人忘記在健身房的入會表單上填寫最近剛動的背部手術，但……

你認為大家都應該知道的事情，其實並沒有那麼普遍。

凱文‧卡爾講過一個我最喜歡的故事：小比利在做臥推，而且他做的是你偶爾會在健身俱樂部看到的那種很差的「半次臥推」。MBSC的規則是，臥推時，你需要讓槓鈴碰到胸部，否則那一下不能算。凱文來回經過幾次，告訴比利要「碰胸部」。

但比利沒有聽進去，凱文因此提高音量說：「要碰你的胸部。」比利終於聽到了，他放下槓，然後用手碰了一下胸部。他照凱文說的去做了 ── 至少字面上是。但凱文要的是讓槓去碰胸部，不是用手去碰。

可能出錯的事就一定會出錯。接受這些出錯的時刻，它們是過程的一部分。善用它們做機會教育，享受當下的歡笑，並為將來做更好的準備。

守則 ㊷

目標是「保持目標不變」。

丹‧約翰說過另一句名言：

知道終點後，就可以制定抵達終點的計畫了。

一旦你和客戶對這個計畫有了共識，堅持下去。不要因為你學到了新東西，或客戶在Instagram上發現了什麼讓人興奮的事物，甚至只是你對過程感到厭煩了，就想要更新計畫。你們的目標就是保持目標不變。

要偏離軌道很容易，但如果連你都無法忠於客戶的目標，還有誰能做到呢？

每當你或他們想要更改計畫時，問問自己：

這樣做或是加了那項，能讓我們更靠近目標嗎？

我們可以這麼做嗎？可以。

但我們應該這麼做嗎？要看情況。有時候答案是肯定的，你需要改變目標，因為它已經不再有效了。

但更多時候，我們卻是在遠離基本能力與目標。

保持目標不變。

> 如果你一次追逐兩隻兔子，
>
> 會連一隻也抓不到。
>
> ——俄羅斯諺語

守則 ㊸

「尋求變化卻不改變。」
——查爾斯‧波利金（Charles Poliquin）

為客戶安排課表時，你的重點應該是提昇他們對基本能力的熟練度。想做到這點，客戶需要一次又一次地重複相同的訓練動作。這件事並不吸引人，但如果你們的目標是擁有一定的能力，它就是必要的。

當他們的動作熟練後（通常是持續一個動作六至八週後），可以透過增加負重或是改變姿勢，讓他們練習這個動作的進階版本。

這個版本或許看起來像是新的動作，但它其實和先前的運動是相同的動作模式，只是稍微增加困難度。這就是查爾斯‧波利金「尋求變化卻不改變」的意思，帕維爾‧查蘇林（Pavel Tsatsouline）也說過類似的話：「做一樣的事，只是小細節變化」。

在與客戶合作的這幾個月，甚至是這幾年，你要想辦法讓你們積極參與課程。但這不代表每個新階段都要從頭開始，使用他們已經熟練的動作，變化出新的挑戰，讓他們可以再次熟練這個動作。

變化，但不改變。

　　我們用深蹲模式做為例子。在階段一，我會讓客戶的腳跟墊高。當他們熟練這個動作後，我可能讓他們進階到分腿蹲或單腳蹲（同樣是深蹲模式）。

　　我會選擇用沙袋、單側使用壺鈴或是槓鈴為上述動作模式增加負重。或是讓他們做側蹲（同樣也是深蹲模式）。

　　當他們再次熟練這個動作後，再進階到爆發力或體能的課表部分，讓他們做不同高度與時間的蹲跳。

　　這些都是深蹲，只是改變不同強度來達到變化的效果。

　　小心不要落入「娛樂效果」的陷阱。根據過去的經驗，我們會比客戶更早對這個漫長過程感到無聊。當我們有目的地完成這些工作後，建立的基礎可以讓客戶有能力去參與所有的冒險。

守則 44

為客戶裝滿水桶。

我認為肌力與體能訓練，主要能帶來四項能力：活動度、肌力、爆發力與體能。把這四項能力想像成水桶，訓練計畫即是想辦法裝滿這些水桶。我的工作是確保客戶的每一個水桶都是滿的，好讓他們可以達到自己的目標。我也不會想要浪費時間，去充填那些已經滿了的桶子。

有位三鐵運動員找我做肌力訓練，他本身的體能水桶已經滿了。當然，相較其他類型的運動員，三鐵運動員的體能需求確實較大，但我的時間花在充填肌力、活動度和爆發力的水桶上更有價值。我不會特地去充填體能水桶，但在充填其他水桶時，體能水桶一樣會有進帳，讓它保有原來的水準。（可參閱第127頁守則48「所有訓練都是體能訓練」）

充填水桶時，有件重要的事要謹記在心：

爆發力（其中也包括速度）這個水桶永遠不嫌大。

你的客戶或運動員絕對不會嫌自己跑太快或爆發力太強，但你可能會因為倒得太急太快，也就是過度訓練，而讓爆發力這個水桶滿出來。

可以讓客戶衝刺，但不要讓他們一整週連續七天，每天都進行十四次全力衝刺。

在為每個水桶做規畫時，問問自己：

活動度多好才足夠？

多強壯才足夠？

怎樣的速度訓練才不會過度？

怎樣的體能才算夠用？

能硬舉體重兩倍重量，你還會再幫他的肌力水桶倒水嗎？繼續充填他的肌力水桶，他在曲棍球場上的表現就會更好嗎？

一位足球員，如果可以雙手在背後交握，還能輕鬆地盤腿而坐，他還需要更好的活動度，才能以健康的狀態完成球場上的工作嗎？

如果一位棒球投手，可以在八分鐘內跑完 1.6 公里，他的有氧能力足以讓他投完九局的球嗎？充填肌力與爆發力的水桶，是否為比較好的選擇呢？

了解哪些水桶需要再加水、哪些已經滿了，才能規畫好裝水桶的工作。

守則 45

按照順序充填水桶。

順序應該如下：

活動度＞肌力＞爆發力＞體能

原因是：

人們需要足夠的活動度，才能做到肌力訓練所要求的特定姿勢，否則這些動作會有代償作用，並造成受傷。

他們需要足夠的肌力，來吸收衝刺、跳躍與投擲等這些動作所產生的力。如果跑車沒有煞車，你能夠開多快呢？沒辦法很快。肌力就像是這些反作用力的煞車器。沒什麼力氣的人，不可能很有爆發力。

因此，我不在乎你能跳多高。我在乎的是你著地的狀況，**再來**我才會關心跳多高這件事。

力量是指，在每一次的跳躍、投擲或衝刺之間能夠充分休息的情況下，能夠執行「一次反覆最大努力」十次的狀態。

體能則是身體在疲累的狀況下還能夠重複上述力量的標準。能夠長時間維持力量的人，他們的體能狀況較佳，身形也較好。體能是能夠維持最大努力連續十次且好幾組。

你能做到要求的姿勢嗎？

如果可以，就是訓練肌力的時候了。

你夠強壯了嗎？

如果是，就是訓練爆發力的時候了。

你能夠產生爆發力嗎？

如果可以，就是訓練體能的時候了。

你能夠在整場競賽保持力量嗎？

如果可以，繼續保持。

充填水桶時，遵守它的順序規則。

要怎麼知道水桶是否夠滿了？可以查看守則第146頁的守則
57，裡面有肌力標準的完整列表。

守則 46

你的大石頭動作是什麼？

百分之八十的訓練結果，來自於你課表中百分之二十的訓練動作項目，這就是所謂的「柏拉圖法則」（Pareto Principle，又稱「80/20法則」）。如果請你挑選一些訓練項目，是你希望每個客戶、每位運動員都要熟稔的，它們會是哪些訓練呢？我把這些動作稱為我的**大石頭動作（Big Rocks）**。

運動員的大石頭動作：

- 懸垂式上舉
- 啞鈴抓舉
- 伏地挺身
- 引體向上
- 單腳蹲
- 單腳硬舉
- 分腿蹲
- 滑板交叉訓練
- 垂直跳與跳遠
- 十碼短跑衝刺

　　這些我為運動員挑選的大石頭，代表了他們在生活與運動
場上會用到的動作模式。如果他們能以足夠的重量或速度來完
成這個動作，我相信他們就能夠更有彈性地面對潛在的傷害，
並且更有機會在他們選擇的任務取得成功。

　　在這種情況下，如果他們在場上的表現不佳，比較有可能
是因為體能、教練指導狀況或技巧造成的，而不是因為動作或
身體素質的問題。

　　一般成人的大石頭動作：

- 壺鈴擺盪
- 過頭肩推
- 伏地挺身
- 啞鈴划船
- 單腳蹲
- 分腿蹲
- 單腳硬舉
- 側弓
- 起立

　　我為一般成人挑選的大石頭，用意是支持他們長壽與健康
的人生。如果我們的成人客戶對這些運動很熟練，不論生活給
予什麼挑戰，他們都能輕鬆接招。

　　我們不會讓客戶一開始就做這些動作。這些大石頭動作是最終的目標，給了我們努力的方向。與客戶一起工作的時間，無論是幾週、幾個月，或是幾年，我們都是朝著這些大石頭前進。

　　你的大石頭動作是什麼？

守則 47

給出去的課表自己先練過。

有段時間我並沒有做到這項守則。在一次的訓練中，我為客戶安排了硬舉、農夫走路、引體向上和戰繩強力摔。在訓練結束後，他們幾乎連手都張不開。

對他們來說，這個經驗不是很好，我則感覺自己像個混蛋。如果我先練過這個課表，就會知道這些項目組合，對握力跟前臂會有什麼影響。

現在，每當我看著課表時會想：「教練們有先練過這些課表嗎？」

答案幾乎是否定的。如果他們練過，就絕對不會把它交給想要感覺更好、身體健康，然後隔天還想再回來練一次的人們。

如果你想真正地和客戶建立關係，從我的錯誤中記取教訓，開出來的課表都要先練過。你會重新考慮其中的一些安排。

守則 48

所有訓練都是體能訓練。

你的客戶從暖身開始，到他們結束今天的訓練課程，都是在做體能訓練。對一般族群的客戶來說，更是如此。在訓練當中，他們的心跳率多是處於有氧區間。

測試一下你自己。在下次訓練前，戴上心率監測器，觀察自己的心跳，在動作準備、動態熱身、肌力訓練時分別是多少。你會發現，心跳在你的有氧高低區間來回。你**正在**做體能訓練！知道這一點後，如何在你的課表中安排**真正**的體能訓練，就變得非常重要。

要把這部分的體能訓練，與其他時間的體能訓練區分開來，重點在於訓練時讓客戶的心跳率進入無氧區間，也就是要超過最大心率的80%。我們藉由在訓練中，安排十到十五分鐘的高強度間歇訓練（HIIT）來達到這個效果。

以下幾個例子是我用來讓人們達到這個心跳率的工具，它們以**技術難易而非強度**排序（初始至進階）。

- 雙臂來回擺動的腳踏車衝刺，像是風扇腳踏車
- 節奏跑（以衝刺百米的七成速度完成）
- 推、拉、拖雪橇

- 斜坡跑或山坡跑
- 滑步器（技術門檻較高，有跌倒的風險，即使強度相對較低）
- 划船機或滑雪機（被歸類為進階運動，因為要較好的活動度，且需熟稔髖關節鉸鏈動作，在重複數以百計的次數之後，疲倦時要維持正確姿勢比較困難）
- 短跑衝刺
- 衝刺與轉彎（折返跑、繩梯）
- 代謝體能訓練（循環訓練、複合式訓練與對比訓練）

這項守則有個例外，當客戶因疾病或服藥（像是B型阻斷劑），可能需要限制高強度訓練。這些狀況可透過「體能活動準備調查表」（Physical Activity Readiness Questionnaire, PAR-Q）掌握，請要求新成員在入會時填寫。若客戶有一些限制，務必遵循醫師指示。

如果你的客戶還沒準備好進行高強度間歇訓練，但需要更多的有氧運動呢？你可以鼓勵他們多進行戶外活動，像是散步、園藝活動、打網球、投籃、健行、打太極等等。讓他們可以達到「運動多樣性」。

我很喜歡知名田徑教練查理‧法蘭西斯（Charlie Francis）的高低訓練法：輕鬆的日子**輕鬆一點**，辛苦的日子**辛苦一些**。

在訓練日安排高強度間歇訓練，休息日就進行一些輕鬆的

低強度活動。使用這個方式指導客戶與運動員，讓他們的生活
能在不同節奏下持續推進。

附註：耐力型運動員通常不需要更多的體能訓練。他們體能的水桶一向都
　　　是滿的。關於充填水桶，可參閱第 119 頁的守則 44 與第 121 頁的守
　　　則 45。

守則 49

不要陷入「矯正」的迷思中。

　　客戶不是付錢來看你花六十分鐘，示範如何呼吸或怎麼碰觸腳趾頭。他們想來健身，揮灑汗水。

　　我和你一樣，喜歡幫助人們找出他們尚未發覺的進步機會。這些機會通常是一般典型健身房看不到的訓練動作，包含活動度與穩定度訓練、呼吸運動與矯正運動。

　　對多數人來說，這些唾手可得的果實都尚未摘取，不摘可惜。但如果我讓客戶的課表繞著這些訓練打轉，我們的關係想必會很短命。人們想要感覺自己變健康，他們想要流汗，最好感覺痠痛。如果他們沒有得到這些，就會轉向他處去尋求他們想要與他們認為自己需要的一切。

　　我有個解決辦法。我們可以更廣泛思考「矯正」的意義。變得強壯也是一種矯正。進行各方向的肌力運動，也是活動度與穩定度訓練。

　　呼吸本身不需要被教導，是你閉著眼睛也會做的事。你應該教導客戶在拿起重量前或是在一組筋疲力竭的訓練後，什麼時間要吸氣、吐氣與撐住呼吸，以及如何進行這些事，這才是呼吸訓練。

　　減重可以幫助人們更容易活動，這也是一種矯正。

在一開始，找出客戶原有的動作模式……，並在這部分多加訓練。用這些做為你們課表的基礎，並在其中加入活動度與穩定度訓練、呼吸運動以及矯正運動。

守則 ⑤

把運動拆分成最小的部分，再將它們組合起來。

一個執行良好的運動，是各部分的總和。一個好的深蹲需要以下條件相互配合：腳踝活動度、臀部活動度、膝蓋穩定度，以及心肺耐力（要執行很多組或很多次的情況下）。如果你想加個槓鈴讓客戶做過頭蹲或背蹲舉，就要再加上胸椎伸展、肩關節外旋與肩膀穩定度。

你可以把它想成一輛車。一輛車能正常跑動，是許多必要的零件一起運作的結果。如果你有一輛法拉利，它的輪胎磨平了，煞車又失靈，那它不是一輛高性能的汽車，只不過是一塊停在路中間的龐大金屬。

在腳踝與臀部活動度不好的情況下嘗試做深蹲，跟上面的例子可以說是一樣的。每一小部分若表現不好，就會帶來很差的運動表現。

在規畫課表時，該怎麼處理這些狀況呢？

如果你可以看出一個運動是由哪些部分貢獻而來的，就可以單獨訓練這些關節或動作模式，讓客戶持續進步，最終能以最佳姿勢來完成這個動作。矯正運動與穩定度訓練都有助於發展與改善每一小部分。

　　要讓客戶以正確姿勢完成伏地挺身，一開始可以單獨訓練核心肌力、上半身的肌力、肩胛穩定度與手腕活動度。當每一小部分都運作良好，把它們組合起來，就是一個完整的伏地挺身。

　　你可以使用這個公式，讓任何初學者進步，它也很適合剛從受傷康復的客戶。

守則 ⑤

更多的反覆次數帶來更多的學習。

　　李小龍曾說，他不害怕練了一萬種踢法的敵人，他只害怕一種踢法練了一萬次的敵人。

　　規畫課表時，不要太常變動訓練內容。給人們機會去練那一萬次。這時他們才有辦法進步。

　　注意：看人們做分腿蹲，在他們感到無聊前，你就會先感到無聊了。假設一天有十個客戶，你可能要看三十組分腿蹲。一週上課兩次的話，他們總共會做六組深蹲。這樣算起來，你需要看很多組深蹲，但他們做得其實並不多。

　　不要因為覺得無聊就更動課表，當客戶做好進步的準備，才是改變的時機。

　　「同樣的訓練，永遠不用做兩次」，小心這樣打廣告的健身房或教練。這些健身房的會員或許不會感到無聊，但他們也不會進步。

　　　對初學者來說，怎麼樣的重複次數才是最好的？
　　答案是三乘以五十二，每週至少練三天，持續五十二週。
　　　　　你可以看看會發生什麼事。
　　　　　── 查理・瑞德（Charlie Reid），教練

守則 52

量測重要的事物。量測後，要管理。

統計數據一不小心就會失去控制，你可能會被資料淹沒而動彈不得。關於客戶進步的情況，以及課表中哪部分有用、哪部分效果差，你都可以透過記錄課表裡的幾樣重要數據，來得到客觀的回饋。這讓你和客戶可以大量交換意見，並且做出更好的選擇，持續進步。

舉個例子，成人客戶的話，我可能會記錄下列幾項訓練完成的數字：伏地挺身、單腳硬舉、酒杯蹲、啞鈴划船，與一英里單車時間。運動員的話，我會記錄十碼衝刺、垂直跳、硬舉、臥推、上搏與折返跑的時間。

當你追蹤記錄特定運動時，同時也能讓客戶知道哪些東西是重點。他們會更努力完成這些訓練，嘗試去增加高腳杯蹲的重量，或是在十碼衝刺破個人紀錄。

你追蹤紀錄的項目會隨時間改變，而且也會因人而異，但你有在追蹤記錄的這個事實卻不會改變。

守則 53

各平面都要訓練。

你多數客戶的生活，就像是住在一個箱子裡。他們有一套固定的例行事務，限制住他們對身體能力的要求。受限在這些例行事務的框架中（也就是前面提到的「箱子」），身體不太容易受傷。他們如果受傷，通常是因為發生了意料之外、尚未準備好的狀況。做為他們的肌力與體能教練，你有責任為他們做好準備，來面對箱子外的一切狀況。

進行交叉訓練，為生活做準備。

你需要給客戶一些動作的選擇。從一個動作最簡單的版本開始（矢狀面有支撐的動作），持續進步到這個動作最困難的版本（動態，單腳進行或橫狀面動作）。

你要盡可能讓人們以各個平面與姿勢來進行每一項動作。這樣一來，當他們處於不熟悉的情境下，像是拿高處櫃子的東西，走在有高低差的路面，絆到東西，或是來一場即興的投接球遊戲時，這些動作不會讓他覺得非常陌生。

想為所有的受傷機制提前做計畫或訓練是不可能的，你沒有辦法提前訓練來做預防，但有類似事情發生時，你可以降低嚴重受傷的可能性。最後可能就只是個扭傷，再加上幾滴眼淚或需要一陣子的休息。這就是訓練帶來的彈性。

　　多數民眾想從運動中得到兩件事情。短期來說，他們希望可以減重以及變得強壯，讓自己感覺更好；長遠來看，他們想要延長壽命，並且提升生活的品質。

　　想達到這個目標，你需要訓練他們，為生活中的不確定做好準備。

　　他們已經熟悉箱子內的一切，你必須確定他們也能處理箱子外發生的事情。

　　以下是一些為箱子外做準備的訓練：

- 單腳動作。
- 向後移動。
- 讓頭部低於心臟：比方說，毛毛蟲式、抬腿吊環划船、棒式、伏地挺身、膝蓋彎曲的趴臥，或是倒立椅等等。不需要直接倒立。
- 橫向移動（在額狀面）。
- 透過髖關節與胸椎旋轉，而不是使用腰椎。
- 平衡訓練。

善用工具與姿勢，
讓它們成為你的「助理教練」。

　　如果總是有位助理教練站在你的身後，支持你的理念，一直為運動員尋求最佳利益，應該會很有幫助吧？

　　你一定會覺得很驚喜，因為早就有一位這樣的助理教練了！他就是你使用的「工具」，以及你的客戶從工具所得到的回饋。這也被稱為「基於限制之上的指導」。

　　以下是一些這種概念的動作範例：

- 讓客戶用膝蓋夾著瑜伽磚，來活化反射性核心與改善骨盆後傾。客戶如果沒有持續出力，瑜伽磚就會掉落。這時瑜伽磚替你完成了教練的工作。

- 主動收縮髖屈肌的訓練中，把網球放在客戶髖部摺痕（髖部摺痕是你坐下時，褲子有皺摺的地方）的位置。如果他停止收縮髖屈肌，球就會掉落。這時網球替你完成了教練的工作。你也可以用於滑步蹲的訓練中，把網球放在非動作腿的膝蓋後方即可。

- 進行箱上蹲，或者在深蹲時，讓大腿比平行地面再往下一些。記住，只是讓臀部輕碰箱子，而不是整個坐下。箱子

會以兩種方式幫你指導客戶：

確保客戶深蹲時大腿是平行地面的。沒有碰到箱子，那次動作就不算。

萬一客戶沒有做好，箱子就像是安全網一樣，可以接住他們。

- 使用網球或瑜伽磚來調整伏地挺身的高度。伏地挺身時，客戶的胸部需要碰觸到球或瑜伽磚，該次動作才算數。
  我喜歡使用瑜伽磚的原因在於它有三種高度，可配合不同手臂長度做調整。客戶用箱子進行深蹲或是伏地挺身時使用瑜伽磚還有另外一個優點，就是動作會很確實。

- 躺著鍛鍊核心肌群時，將彈力帶壓在客戶下背下方並輕輕地拉著它。如果彈力帶飛出來了，代表下背沒有貼平地面。這時彈力帶替你完成了教練的工作。

- 進行壺鈴擺盪時，將瑜伽磚立起，放在客戶雙腳間。如果壺鈴敲到了瑜伽磚，代表客戶擺盪得太低，壺鈴不夠靠近褲子拉鍊位置。

- 使用平衡木或在地板上貼膠帶，讓客戶進行線上平衡訓練時，可以保持正確姿勢。如果他們離開平衡木或踏出線外，就是做錯了。這個平衡木（或畫上的線）正是你的助理教練。

- 深蹲或單腳蹲時，把彈力帶套在膝蓋或腳上。彈力帶會「帶來錯誤動作」（讓膝蓋內夾），此時身體為了保持平衡，

會產生反方向動作。讓彈力帶代你要求客戶深蹲時「膝蓋向外」。在復健領域，這被稱為「反動神經訓練」。

- 在位置相關的運動中，可以將滑盤放在腳上或手上。比方說，仰臥放腿時，把滑盤放在固定不動的腿那一側，如果滑盤掉落，代表客戶的動作跑掉了。你也可以應用在起立這個動作上，以滑盤取代負重，放在客戶的拳頭上；這很適合初學者。滑盤是個完美的助理教練。如果你沒有滑盤呢？我也看過有人用一杯水來替代的。別讓它灑出來了！

善用工具與姿勢，讓它們成為協助你的助理教練。這能給你更多時間，跟客戶進行其他重要的互動。

守則 55

對大多數人來說，
快於走路的活動就是增強式訓練。

醒來，下床，走下樓，坐下吃早餐，開車去上班，坐在辦公桌前，開車回家，坐下吃晚餐，窩沙發看電視，然後上床睡覺。多數人的生活不離坐、走路和躺下這三件事。

這也意味著，像是輕跳過某物、繩梯、跳繩、丟擲輕藥球，還有簡單的跳躍運動，對他們來說就算是增強式訓練（plyometric）了。不幸的是，包含多數的青少年在內，他們在學校與家中的生活，看起來跟一般成年人工作日的生活差不多。

若你的目標是為客戶打造真實的增強式訓練，那麼基礎的彈性與協調性訓練是最有利的安排，因為這些訓練的地面接觸時間較短。

以我們的年紀，爆發力流失的速度是肌力的兩倍。在四十歲之後，每十年爆發力會下降17%，肌力則是10%。在三十年後，你會流失51%的爆發力與30%的肌力。記住這點，為年長客戶與運動員訓練爆發力，是最重要的一件事。

守則 56

練習「說得一口好教練」。

在健身房裡，沒有訓練是專屬某一種運動項目的。人們想要在某種專項運動上表現更好，就需要多練習跟參與這個運動。所以，如果有人問你，「你能訓練什麼類型的運動員或運動項目呢？」答案是「全部。」

健身房是一個可控制的環境，適合練習運動中的各項元素。在健身房裡，你可以告訴運動員往哪裡傾斜，腳往哪邊踏，還有該怎麼推。你也可以增加一些變化。健身房允許你們放慢腳步。你所建立起來的爆發力、肌力與彈性，將在他們選擇的運動場上顯現出來。

下一次，有運動教練、運動員或者是家長詢問你能否訓練美式足球運動員（或是足球、排球、曲棍球、網球、田徑等），你可以自信地回答：沒問題。

在不同的級別，所有的運動項目包含了：

● 基本發展動作：推、拉、上搏、深蹲、弓步、踏步、抵抗和移動。

● 活動度、肌力、爆發力、能力與彈性。

你的運動沒有不一樣；只是你認為它有。

—— 馬可‧卡迪奈爾（Marco Cardinale），卡達國營運動醫院研究與科學支持執行總監（Executive Director of Research and Scientific Support at Aspetar in Qatar）

- 「深蹲對足球員有幫助嗎？」當然。強壯的雙腿代表踢球更有爆發力、少一點疲憊與更多的頭球。

- 「深蹲對籃球員有幫助嗎？」有。強壯的雙腿代表更多的跳投、更好的落地能力、更佳的防守位置，還有最後一節比較不會累。

- 「深蹲對網球選手有幫助嗎？」絕對是。強壯的雙腿能帶來更好的削球、更有力的發球，能以更方正的姿勢回球，以及在最後一局比較不會累。

- 「深蹲對高爾夫球員有幫助嗎？」當然。強壯的雙腿代表更有力的發球；在找尋最佳位置與姿勢時，你能有更多的選擇；在十八洞結束後，能少一點疲憊，甚至在七十二洞的比賽中，可以有更好的表現。

- 「深蹲對跑者有幫助嗎？」是。強壯的雙腿能有更好的力量吸收，可以降低受傷機率、提高跑步效能與延緩疲憊時間。

- 「深蹲對游泳選手有幫助嗎？」絕對有。強壯的雙腿讓出發時更有爆發力，能有更好的轉身技巧，更有力的踢水

以及賽事結束後較少疲憊。

你的工作不是指導運動員他的專項運動，而是讓他們的肌肉與關節運作良好，在從事專項運動時，面對受傷風險會更有彈性。

如果你懂解剖學、生理構造以及運動動作，你就能指導每一項運動；你可以跟他們討論這些細微差異，用他們熟悉的用語說服他們。

- 他們的運動場地是範圍較小、地上有標示線條的場地（網球、羽球、籃球等），還是開放式大型運動場地（美式足球與棒球場），或是足球場（足球與橄欖球）呢？
- 比賽方式是兩人或兩隊之間競爭（match）、球類比賽（game），或是計時賽（race）？
- 防守的位置是怎樣？
- 如何計分？
- 一場比賽大概多久？
- 他們有使用球、球桿、棒子或冰球嗎？

你正在指導或將要指導的運動員，你能回答他們的專項運動相關問題嗎？

想要「說得一口好教練」需要花一點時間來學習。觀看你

指導的運動員參與的賽事，詢問他們位置的問題，找他們的教練聊聊，付費跟專業人士上一堂課，在YouTube上觀看重播賽事，聆聽賽評使用的字詞。

　如果能涉獵各項運動，對健身房的訓練會很有幫助。

守則 57

多強壯才算夠強壯？

　　我常常問自己：他需要多做一些「這個」，來達到最終的
目標嗎？我尋求的是珍貴的進步，還是在追逐數字呢？

　　這問題也可以聽起來像是：

　　硬舉兩倍體重五下，對大學棒球隊的捕手球員是否足夠
　　呢？
　　臥推一倍半體重五下，對大學籃球隊員是否足夠呢？
　　高腳杯蹲25%體重十下，對一位想要擁有健康的身體，可
　　以做做園藝活動，或是和孫子們一起遊戲的長輩，是否足
　　夠呢？
　　六分鐘跑一英里，對高爾夫球員是否重要，能讓他在發球
　　時打得更遠嗎？

　　多強壯才夠強壯？你可以花時間來填充其他水桶嗎？只有
你和你的客戶能夠回答這些問題。

　　我都用丹・約翰教練的文章〈西雅圖夜未眠之肌力標準〉
（Strength Standards Sleepless in Seattle），來介紹體能標準的概
念。以下是成人體能的標準與運動員的基礎體能與運動表現標

準，是我用來回答「多強壯才夠強壯？」以及「怎樣才夠健康？」的答案。

為什麼要有標準？標準設立下期望值，給予人們追求的目標，能夠讓教練去思考更好的問題，並找出更好的答案。

這些我使用的標準，是多年來不斷地嘗試與犯錯所得到的經驗。這裡面我只用到體重做為基準，不用考慮性別、專項運動或是訓練年紀。與我一起工作的客戶來自四面八方，有運動員或是一般成人，年紀或是訓練上的經驗等級分布很廣。而體重是我們共通的量測標準。這個標準不是所有的情況都適合，總有例外的時候，但對我訓練的多數運動員與成人客戶都適用。

如果我指導的是少見的特定族群，我會花時間來調整限縮標準，讓它符合這個族群的需求。

當我分享這個方法時，最常遇到的問題是關於運用體重這個基準在女性身上。我沒有針對女性做任何調整。事實上，當你對男性和女性採用相同的基準，你會發現女性和男性一樣強壯。

我鼓勵你以我的標準做為參考，根據與你一同工作的特定族群，訂定一份你們自己的標準。

以下是兩個根據體重計算的例外：

- 如果你的客戶想要減重，使用他們的目標體重而非目前體重來計算訓練時的重量。如果有一個人體重 250 磅，

想減重至 180 磅，要使用 180 磅來計算訓練重量。比方說，酒杯蹲 50% 體重十下，那麼他要負重 90 磅，而非125 磅。

- 第二個例外是標準內包含了衝刺時間與跳躍距離，體重這個基準在這邊就不適用了。因此，衝刺與跳躍的標準，對男性與女性來說，本質上就不相同。

如果你想對這部分進行探索，可考慮使用淨體重與經驗水平來建立衝刺與跳躍的標準。

給年輕運動員、運動表現標準的必備條件、一般民眾與健身客戶的體能標準與運動員基礎

伏地挺身至瑜伽磚高度，十下
單跪姿推舉，負重25% 體重，每邊八下
雙手懸掛單槓，60秒
啞鈴划船，負重35% 體重，每邊八下
高腳杯式分腿蹲，負重30% 體重，每邊八下
棒式（初學者可將PVC管置於背），60秒
側棒，每邊45秒
箱子輔助的高腳杯深蹲，負重50% 體重，十下

壺鈴硬舉，負重70% 體重，十下
起立，負重25% 體重，每邊三下
高腳杯側蹲，負重30% 體重，每邊八下

給精英高中、大學與職業運動員的運動表現標準

（須先完成上表的運動員基礎）

臥推，負重1.25–1.5倍體重，五下
啞鈴抓舉，負重40% 體重，五下
引體向上，負重25% 體重，五下
後腳抬高蹲，負重1.25–1.5倍體重，每邊五下
前蹲舉或上搏，負重1.25–1.5倍體重，五下
六角槓鈴硬舉，負重2倍體重，五下
壺鈴擺盪，負重35% 體重，十二下
農夫走路，負重80% 體重，六十秒
箱子輔助的單腳蹲，每邊八下
垂直跳：男性：＞28英寸（71.12公分），女性：＞22英寸（55.88公分） 以及跳遠：距離為運動員身高
10碼衝刺：男性：＜1.38秒；女性：＜1.45 秒

想了解更多標準？

關於活動度與穩定度的標準，可參考功能性動作檢測（Functional Movement Screen）與他們的二十一分評分系統。

關於肌力、爆發力與體能標準，可參考功能性肌力教練認證課程第二級與我的運動檢查清單（Exercise Checklist）課程。

守則 58

好的動作不是萬靈丹。

我們需要透過全面性的評估，來確定客戶的狀況。而這項評估不能只針對運動，它還需要考量健康史、肌力參數、心理與情緒健康調查，對於現有的疼痛或受傷，則要有醫學的專業診斷。

動作訓練沒有辦法解決所有的問題，你需要了解上述其他事項。如果沒有這麼做，可能會為問題帶來錯誤的答案。

問題有可能是下述其中一項：

- 醫療相關
- 心理
- 新陳代謝
- 遺傳
- 生物力學

比方說，如果你工作的對象是一個過重的客戶，他在進行動作評估上有困難。這時為客戶優先安排滾筒按壓放鬆與伸展、旋轉關節或是其他矯正運動，可能只是浪費時間。這很可能跟動作無關，而是身體成分的問題。在你的課表中優先安排

減重，客戶如果少掉五十磅，他會覺得動作更順暢。

當他們能夠站立與持續移動，就不要浪費時間要求他們坐下再起立。沒錯，這或許跟你的標準課表不一樣，但記得守則三嗎？**了解規則，才能打破規則。**

在詳細評估動作檢測後，你會發現許多因素都是減重的障礙，包括遺傳、醫學與心理上的因素。合適的課表安排是很好的起點，但你需要其他專業人士的支持，來解決醫療與心理的問題。（可參閱第225頁的守則86：「別管其他人的事」）

有時候，或許真的是肌力問題。有的客戶可能哪裡比較弱，來找你抱怨右邊膝蓋總是不舒服。醫生找不出任何結構上的問題，因此客戶希望你幫他做動作評估。

不要把注意力放在「不舒服」這件事情上，評估他的肌力。這個人是否一腳可以做十二下分腿蹲，但另一腳卻只能做兩下？如果是，這至少部分與肌力相關。先讓他變強壯，再看看膝蓋會有什麼變化。

動作評估是很好的工具，但不見得適用於每個客戶。有時候解決之道是營養，有時是心態，有時他需要多一點戶外活動，或者是傳統的藥物。

使用全面性的評估來了解何時該將球傳給醫療專業人員。有時手術或藥物，是訓練前的必要步驟。了解你自己的能力在何處，不要害怕把客戶轉介給其他專業人士。

以食物為藥。

——西方醫學之父希波克拉底（Hippocrates）

我還想補充：

以運動為藥。

以心態為藥。

以自然為藥。

以藥為藥。

守則 59

滾筒按壓與伸展的目的，和刷牙與使用牙線相同。

需要跟客戶或運動員解釋比較艱深的概念時，我喜歡用比喻的方式。在訓練當中，我最常遇到的問題是：「為什麼要用滾筒按壓放鬆？為什麼需要伸展？」

你會每天刷牙跟使用牙線清潔牙齒嗎？這麼做是為了避免六個月到一年後，有蛀牙或其他牙齒的問題。滾筒按壓與伸展也一樣，你這麼做是為了降低幾個月後的受傷風險，而不是為了預防明天就會發生的事。如果你只有在感覺緊繃或疼痛時，才進行滾筒按壓或伸展，那就太晚了。就像你在牙齒疼痛時或預約牙醫後，才刷牙或使用牙線清潔一樣為時已晚。

另一個客戶很容易連結的比喻是：梳頭髮。為什麼要梳頭髮呢？因為你希望頭髮保持健康，不要打結。越久沒有梳頭髮，就要花越多時間把頭髮的結梳開。滾筒按壓與伸展「梳理」我們的組織，就像梳子梳理我們的頭髮一樣。這種比喻方式過於簡化，但它也是客戶可以馬上連結與了解的說法。一旦他們了解，他們就會接受。

你知道滾筒按壓能讓組織恢復水分，筋膜容易滑動，它會刺激細胞引起神經反應並且調節疼痛，這是它真正的好處。

對於全身緊繃的客戶，你能做的最好安排，是讓他了解滾筒按壓、伸展與活動度訓練的重要性，然後將它們頻繁地安排進課表裡，最好是每天執行。

活動度要靠日積月累；只有投注精力，持之以恆地努力，才得以進步。這有點像在鍛鍊二頭肌，你不會因為做了一組彎舉，隔天一覺醒來就有二十吋的手臂。你需要花上幾個月，甚至是幾年的訓練，才能建立二頭肌的肌力與尺寸。

因為這種延遲滿足的效應，你需要多花一點心思與客戶溝通，現在一點一滴地持續努力，是未來自我感覺與能力表現的關鍵因素。有好的活動度，才能以最佳姿勢來搬移負重與克服重力。

重要免責聲明：不需要透過粉碎、折斷、壓碎、爆炸或擦傷等方式，使客戶的組織產生重大變化，這麼做是弊大於利。如果你指導客戶使用槓鈴、按摩槍、儀器輔助軟化組織工具（IASTM）或是很重的器具（也被稱為「身體調和器」〔body tempering〕）來軟化組織，提醒你要格外小心謹慎。

請參閱第173頁的守則67：「像律師一樣思考」。你很難向法官解釋，為何將兩百磅的重物放在某人身上，是為了改善活動度？徒手療法的治療師與其他擁有執照的從業人員的存在是有原因的。他們受過訓練，知道如何正確地使用這些工具。對教練來說，滾筒、棍子、軟球與曲棍球就很夠用了。

你有天生柔軟度極佳的客戶嗎？來看看下一守則。

守則 60

活動度＝柔軟度＋肌力。

這個公式是由安德魯・史賓納（Andreo Spina）博士在他的功能性旋轉控制（Functional Range Conditioning）課程中提出的。這個課程拓展了我對組織生物學、柔軟度、肌肉等長、肌肉離心與活動度的了解。

有很長一段時間，我們的領域只關注這個公式的某一部份：柔軟度。我們開出來的課表中，客戶要保持靜態伸展一段時間，或由我們協助進行被動伸展。但我們現在明白，柔軟度不會憑空而來。我們不只希望客戶有更好的的柔軟度；我們也希望他們能夠移動得更好。

有活動度，才能夠移動得更好。

而活動度需要某種程度的柔軟度與剛性（剛性是肌力的結果）。不要太柔軟，也不要太僵硬，剛好就好。

每個客戶在取得柔軟度與肌力的理想平衡上，程度有不同的差距。做為教練，你的責任是為他們安排適合的課表。我的做法如下：

- 柔軟度極佳客戶＊（大約兩成，女性多於男性），以主動末端等長運動與離心運動取代靜態伸展。這可幫助他們在負重時，強化關節與組織。或者至少將所有的靜態

伸展，替換成核心、肌力與穩定度訓練。

- 柔軟度一般的強壯客戶，則依照前述方式進行暖身即可。他們的狀態與我所預期的一樣。關於熱身的更多資料，可參閱第 166 頁守則 64。
- 柔軟度較差**、身體僵硬的客戶，在熱身時、每一組的重訓之間、訓練之後，以及其他沒有訓練的日子都需要伸展。

所有動作都要在完整的活動範圍下進行，即使它會阻止客戶舉起更多重量。

有三種例外情況：

- 客戶的工作專業需要運用到高柔軟度，像是體操運動員或太陽馬戲團的表演者。他們仰賴高柔軟度來完成工作，因此你可專注於強化他們工作所需的極限範圍。
- 客戶的工作需要抬重物，像是勞動者、舉重運動員或大力士選手。這些客戶願意犧牲一些活動度，來換取肌力與僵直緊繃來處理工作上的過度負重。

　但別忘了，這種做法不過是挖東牆補西牆 —— 採用這種方式，生活的活動度就會被犧牲。但這就是做生意的成本。

- 客戶因為壓力、疾病、身體組成、先前受傷過或甚至是過度運動而造成緊繃。如果不是活動度、柔軟度或肌力的問題，有可能是其他問題造成的。

　　有時候，他們需要的只是降低壓力，好好睡一覺，就能恢復原有的活動度、柔軟度與肌力。

　　在活動度＝柔軟度＋肌力這個公式裡，肌力總是首當其衝被誤解。當你的客戶很虛弱時，能不能做某個姿勢，是神經系統說了算。

　　如果身體（神經系統）感覺某個姿勢可能有受傷的風險，它就會踩煞車，讓你在無法回頭之前就停下來。身體知道自己沒有擁有足夠的肌力，來完成完整活動範圍的運動，尤其是在負重的情況下。

　　許多人認為他們「緊繃」，但事實上，他們只是虛弱。結合柔軟度與肌力，才是活動度。

---

* 你可以使用貝登量表（Beighton score）快速檢視是否關節過動（hypermobility）。

** 什麼是理想的活動度、柔軟與肌力？歡迎複習第 146 頁的守則 57。

守則 61

訓練時，別侷限於單一工具。

壺鈴、槓鈴、沙袋、啞鈴、吊環、球桿、彈力帶、平衡球、棒鈴、划船機、繩索、雪橇、滑輪機、負重背心、槓片、藥球、鐵鍊、欄杆、箱子、臥推椅……，工具清單多到寫不完。有這麼多的工具，如果只需要挑選其中一樣，就能滿足我們所有的需求，不是很棒嗎？

請拒絕這種誘惑。

特定運動最好由特定工具來完成。如果想要砍倒一棵樹，我會帶斧頭，而不是用球棒。了解你所擁有的工具，也要了解客戶的目標，並清楚善用哪些工具能把事情做好。

有時候你只能使用幾樣器材，或甚至沒有器材可用 —— 你可能和客戶約在球場或公園碰面，在停車場為田徑賽事熱身，或是在客戶家中進行訓練。像這樣的限制，其實是一種祝福，強迫你走出舒適圈，要有創新的想法。

在只有一個引體向上桿、一顆藥球和幾個不匹配的啞鈴時，一位教練能讓一群運動員做好準備參加比賽，是非常厲害的一件事。

但如果你的選擇不計其數，別侷限於單一器材。用最適合的工具來進行訓練，而不是你最喜歡的那樣。

守則 62

給予他們需要的，再點綴他們想要的在其中。

我擁有多年的實務經驗，與成熟且不斷發展的訓練哲學。我遵循的訓練原則，已經透過時間得到證明。

客戶與運動員有他們自己的健身與運動經驗。他們有長短期目標，對事物也有自己的喜好。

有時候，我們各自想要、或認為什麼比較好的事物會彼此衝突。這個情況發生時，我遵循的守則是：**給予他們需要的，再點綴他們想要的在其中。**

我不會偏離原則，去提供自己不相信或認為無法實現的事物，但也不需要拒絕、阻撓客戶。我的最終目標是持續提供協助，而建立關係需要彼此妥協。

不要急著進行你安排好的訓練課表。你不需要同意人們想要的任何事物，或是他們追求的目標，但要盡你所能去協助他們做好準備。

第三部

如何安排課表：避免受傷

避免受傷等同於安全，是信任的基石。在任何關係中，建立信任感是最重要的一部分，而良好的指導也是一種關係。

　　以下的守則將告訴你如何遵循「避免受傷」的原則來改進課程安排，維持你和客戶快樂且積極的關係。

　　如果客戶因為我們的課表而受傷，他們沒有變得更好，也不會在康復後支付我們費用。為了避免這種最糟的情形發生，我們要承擔完全的責任，在訓練環境中有任何受傷的狀況，都是我們的錯誤。用這種心態來為客戶揀選適合的運動，不但能帶來進步，也不會造成傷害。

守則 63

復健與健身沒有差別，
只是訓練的退階或進階。

撰寫這本書時，我很希望復健專業人員也有機會看到。如果你是復健專業人員，請別誤會這項守則。我深信復健與健身專業人員都是必要的。沒有人能取代對方的工作。

即使這些專業是獨立的，且有時不一致，但他們還是可以互相分享有關於揀選運動、設定標準與建立最終目標的心態與詞彙。啟發眾人這個觀念的應歸功於物理治療師查理‧溫格洛夫（Charlie Weingroff）。

真實世界中的例子有下面幾種。調整胸椎，就是垂直推拉的最低退階動作；如果腳踝是限制因素，那麼徒手按摩小腿與活動腳踝，則是高腳杯蹲的最低退階動作；恢復髖關節的活動範圍，是單腳硬舉的最低退階動作。

這些「健身」的被動形式，是運動的最低切入點。

如果你是復健專業人員，可以跟知道如何從基礎建立動作模式的訓練師一起合作；如果你是訓練師，可以和專業復健人員一起合作，他們將運動與健身視為客戶的最終目標。而他們安排的復健活動，則是「健身」中最容易完成的動作。

我想再次強調：建立你的轉介團隊，並向他們學習。

　　記住，在復健環境中與健身房裡完成的事物都是訓練。問題只是它屬於訓練光譜中的哪一邊，是進階動作，還是退階動作呢？如果你在訓練一個十二人的團體，成員的年紀與能力各異，而你在課表中安排了槓鈴臥推，他們的進階與退階動作可能如下：

- 兩個人以一倍半體重進行槓鈴臥推，次數是五下或者更多。
- 四個人學習槓鈴臥推。
- 三個人進行啞鈴臥推，這樣肩膀活動的自由度會更好。
- 兩人使用滑輪做胸推（一位剛受傷康復，另一位是八十歲長者，不想要也不需要使用槓鈴或啞鈴的固有風險）。
- 一人伸展且用軟球放鬆胸肌，並以壺鈴進行肩膀穩定度訓練。

　　每個人在做的都是臥推！他們做的是最適合自己的版本，而這些動作分布在復健至訓練的連續光譜中。

　　如果我們的訓練，都是以相同的動作模式為基礎，且當我們知道什麼樣式較為簡單（退階動作），什麼樣式較為困難（進階動作），就能確保沒有人會被阻擋在外，沒有人會脫隊，沒有人會受傷，每個人都會成功。

你可以在我們的功能性肌力教練認證課程中學習、體驗並熟悉
這個思維與過程。在 CertifiedFSC.com 上了解更多訊息。

守則 64

若客戶需要，把它當作矯正運動； 若客戶不需要，它們就是熱身。

這是我最近在八人以上的團體課程中，學到的最重要守則。所有的肌力訓練或運動員動作，都可以被分為八種動作：

1. 推
2. 拉
3. 階梯：水平上升或下降
4. 弓步：任何方向的質心改變
5. 鉸鏈
6. 深蹲
7. 反核心（伸展、旋轉與側屈）
8. 兩點間的移動

適當地熱身，讓身體做好準備，再執行上述動作。我最常用到的熱身訓練是：

- 肩膀地面滑行、棒式時鐘、棒式碰肩
- 划船、拉開彈力帶、面拉、肩胛懸垂

- 使用彈力帶進行仰臥髖屈肌伸展、單跪姿髖屈肌伸展維持

- 四足跪姿髖伸展、單腿橋式、徒手等長分腿蹲

- 碰腳趾、仰臥放腿、髖關節鉸鏈

- 四足跪姿髖搖擺、深蹲矩陣：碰腳趾式的深蹲、分腿蹲、側蹲、斜蹲。

- 鳥狗、爬行、棒式

- 蹦跳（單腳起跳離地，接著雙腳落地）、側併步、繩梯、負重走路、雪橇

每一天，我都會運用到上述熱身訓練的不同組合在每一位客戶身上。如果客戶需要這些訓練，它就成為一種矯正運動，改善他們在特定在特定動作上的表現。

如果客戶的動作很好，不需要做任何矯正，那麼上述這些動作可以當作是熱身，幫助他們的身體做好準備，可以更快速地移動、跳得更高、移動重物與丟擲。沒有人能因為地板滑行、仰臥放腿、碰腳趾、橋式或鳥狗式，就能跑得更快或變得強壯。

你希望運動員更快，訓練他們跑快一點。

想要客戶變強壯，讓他們舉起或移動重物。

在為每個客戶安排不同的熱身活動前，請記住他們需要相同的東西：八種動作。只是他們進行的目的不一樣，把它當作

是矯正運動，或者當作熱身。

＊在依速度與肌力分級之前，功能性動作檢測（FMS）用於檢測這八個動作，
　是最有用的工具。FMS告訴我們，膝蓋能不能處於正確位置，以最佳方
　式完成動作。若是不行，我們就要進行矯正運動，然後重新檢測，看動作
　有無進步。

以教練的語言換句話說，

德魯・梅西（Drew Massey）說得最好：

「FMS會告訴你什麼時候可以踩油門，什麼時候需要踩煞車。」

守則 65

向上游訓練，也向下游訓練。

「相鄰關節假說」（joint-by-joint approach）是由格雷·庫克提出，麥克·波羅伊發揚光大。而「上游」（upstream）與「下游」（downstream）這兩個術語，則是來自凱利·史達雷（Kelly Starrett）博士的健身網站 The Ready State（前為 MobilityWOD）。相鄰關節假說的概念很簡單，它將關節的組成結構細分，而關節結構連結骨骼系統，使之成為一個完整的功能體。

這個概念將關節分為兩類：做為活動系統的關節，與做為穩定系統的關節。

關節系統的相互連結告訴我們，如果一個人的一個關節有疼痛或不舒服的症狀，我們應該檢視他上方（上游）或下方（下游）的關節，來找出原因。這個疼痛可能是源於上方或下方的關節缺乏活動度或穩定度的關係。

以下摘錄自麥克·波羅伊教練針對這個主題所撰寫的一篇文章：

你會注意到的第一件事，是各個關節的需求在活動度與穩定度間交替。腳踝需要好一點的活動度，而膝蓋需要好一點的

穩定度。

　　再往身體上方移動，很明顯地，髖關節需要活動度。所以一路往上，是一連串需求交替的基本關節。

　　關節—主要需求
　　腳踝—活動度
　　膝蓋—穩定度
　　髖關節—活動度（多平面）
　　腰椎—穩定度
　　胸椎—活動度
　　肩胛胸廓關節—穩定度
　　盂肱關節—活動度

　　這個過程很簡單。

　　腳踝活動度不好，膝蓋就會痛。
　　髖關節活動度不好，下背就會痛。
　　胸椎活動度不好，脖子肩膀會痛，或者是下背痛。

　　因此，安排課表時，產生動作的關節，應注重它的活動度；而抵抗運動的關節，則是要求其穩定度與肌力。

守則 66

每項運動都是一種檢測。

從客戶走進門的那一刻起，你就應該對他們進行檢測。仔細傾聽他們如何回答你的問題。觀察他們如何走路，如何起身離開椅子，還有如何進行滾筒按壓，注意他們在伸展時的臉部表情與發出的聲響。這些都是重要的線索。

幸運的是，你有一項準確且免費的評估工具：全面性的熱身。經過適當的安排，你可以觀察到四個重點：腳踝、膝蓋、肩膀、核心。如果你持續使用相同的訓練內容，一段時間過去後，就可以進行追蹤與評估；比方說，你會注意到客戶在毛毛蟲爬行時可以完全地伸展，或是他們可以在後腳跟著地的情況下深蹲，或者輕鬆地進行地面滑行。

事情可能會在一天或一週裡發生變化。如果客戶在上週能輕鬆完成某事，今天卻要非常努力才能做到，這提示你要注意他們的心情、壓力或甚至是潛在受傷狀況。

持續使用相同的熱身活動，能讓你了解客戶的過去（受傷狀況或生活方式）、現在（他們今天的感受），以及未來（計畫需要改進之處）。

光用看的就能觀察到很多。

——尤吉‧貝拉（Yogi Berra），洋基傳奇名捕

守則 67

選擇訓練動作時，像律師一樣思考。

　　麥克・波羅伊教練提醒我們：像律師一樣思考。假設不管原因為何，你都需要為健身房裡發生的任何受傷事故負起責任，你就會選擇受傷風險最低的訓練與活動。

　　進行跳箱訓練應該使用軟式跳箱。使用木製或金屬跳箱，或者是堆疊起來的槓片進行跳箱訓練，這麼做有很大的受傷風險。如果運動員摔倒了，刮傷皮膚並感染細菌（曾經發生過），或者情況更糟，下方的槓片滑掉，客戶摔斷了手或脖子……，這值得嗎？奧運沒有跳箱項目競賽，你大可不必這麼做。還有其他安全的跳躍訓練，有一樣的效果。

　　每一種動作都有風險。但如果風險高於報酬，把這個項目保留在課表中是否有益呢？對於所選擇的訓練或活動項目，你應該同時了解它們的目標與其風險。如果另一項風險較低的運動一樣能接近目標，你應該要選擇它，想想「最低有效劑量」，並同時考慮風險。

　　記住，如果你是給出訓練課表的人，有什麼意外狀況，你就需要承擔責任。教練的首要任務是提供一個安全的環境，讓客戶在其中學習，追求最終目標。如果你選擇的運動項目導致人們受傷，他們浪費了時間，你失去了金錢，而他們受傷後也

可能導致長期有後遺症。

　　保護自己，保護你的客戶，不要以為酷等於好。像律師一樣思考。

　　檢視你的課表並思考以下問題：「我可以用較低風險的運動來達成目標，得到相同的效果嗎？」

守則 68

要疲累或是更好？

疲累不等於更好，更好單純就是更好。什麼時候「疲累」變成「更好」的同義詞了呢？任何教練都能讓人訓練過後很累，甚至累到嘔吐的程度，但不是每個教練都可以讓人變得更好。

有些教練為了要突破撞牆期或是建立強大的心理素質，會將訓練推到極限。但是，「將客戶推向極限」與「將客戶置於危險之中」，只有一線之隔。隔天，你的客戶會想穿上褲子去上班，而運動員則不希望帶著痠痛去比賽。

「沒有痛苦，就沒有收穫」，這樣的「生存」訓練在成年人與運動員的家長間，一向是惡名昭彰。我們會聽到有人說自己因為這種訓練方式而變得精壯；因此受傷或停止訓練的人們，我們卻很少有他們的消息。

你希望客戶可以茁壯成長，而不只是能夠生存吧？當你在安排課表時，問問自己下面幾個問題：

- 因為這項訓練動作而讓客戶面臨到的風險是否合理？
- 當他們在今日訓練結束後，是否在＿＿＿能做得更好？
- 明天他們能否再進行一次高品質的訓練？

- 在課表當中，有沒有任何一項訓練，只是為了讓他們疲累或痠痛？
- 有沒有別的選擇，它的訓練效果與你規畫的訓練項目一樣，但卻更安全且有效呢？

當客戶結束訓練時，有下面這些反應就代表你成功了：

「我今天的硬舉技巧超棒的。你給我的提示創造了奇蹟！」
「我很高興今天新的訓練不會讓下背痛。」
「我打算明天要去騎自行車。這些訓練提高了我的精力。」
「這很困難，但我感覺很棒！」

聰明的課表能讓客戶長久持續地頻繁訓練。努力訓練，**同時**聰明訓練。

守則 69

了解人們當下的狀態。

你幫客戶制定一項計畫，但因為它難度太高，客戶只執行了兩週就放棄，這就不是一個好的計畫。你也許不用擔心沒有客戶，但卻很難留住他們。

請客戶或運動員述說他們的需求、價值觀與在意的事項。你可以使用這些資訊，和他們連結與溝通。如果他們對於和你一起訓練感到膽怯（這件事能一開始就察覺是最好的），可以透過幾個方式讓客戶放鬆：打幾通電話給他們，帶他們參觀健身房，或是邀請他們來觀看你上課訓練的狀況。

在制定適合客戶進度的健身計畫時，難度可以設定在對目前的身體與心理能力稍有挑戰性的程度，且原則要合理。而他們參與程度越高，你的訓練過程就越讓人享受，並且容易持續下去。

人們在過程中若有發言權，他們就會買單。

有些人可能覺得這種方式太過寵溺客戶，但這不是寵溺，這是理解。你的客戶是一個人，而不僅僅是一個計畫。

無論客戶是出於何種理由而進行訓練，運動是終身的努力。把你的目標設定在「長期合作夥伴」，而非「短期問題解決人員」。

守則 ⑦

這樣會痛嗎？

　　談到進步，最重要的是持續不懈，而疼痛是持續不懈的對立面。如果有某項運動讓客戶疼痛，明智的反應是：不要做了。

　　繼續討論之前，我想區分一下「不舒服」、「痠痛」還有「疼痛」。很自然地，運動會讓人不舒服。運動後身體疲憊，肌肉痠痛，還會顯露出心理脆弱之處，這些都讓人不舒服。

　　我可以接受客戶在一至十分的「不適」量表上打八分，但不能接受他們在「疼痛」量表上有「零」以外的分數。

　　在下列圖表中，美國物理治療協會（American Physical Therapy Association）條列出痠痛與疼痛的差異。

	肌肉痠痛	疼痛
不適的類型	肌肉觸摸起來是柔軟的感覺。運動時有疲倦與灼熱感；休息時，反應些微遲緩，肌肉緊繃、痠痛。	在休息或運動時的鈍痛或強烈疼痛。
發作時間	運動期間或運動後24至72小時	運動期間或運動後的24小時內
持續時間	兩至三天	沒有處理會反覆發生
位置	肌肉	肌肉或關節

	肌肉痠痛	疼痛
舒緩方式	進行伸展、跟隨運動，以及（或者）更多運動，再加上適度休息與恢復。	冰敷、休息與更多運動（嚴重受傷除外）
症狀加劇	坐著不動	適度休息與復原後，持續運動。
正確處置	適度休息與恢復後重新開始活動，但在恢復之前，進行的活動要不同於導致痠痛的活動。	劇烈疼痛或疼痛超過一至兩週，請諮詢醫療專業人員。

經美國物理治療協會許可，轉載自 choosept.com。©2020 美國物理治療協會版權所有。

　　當客戶在訓練時有疼痛的感覺，你應該從信任的人際網絡中，尋求物理治療師或復健人員的協助。經過醫療專業人員的檢查之後，你可以與他們合作，選擇適合的運動模式來繼續訓練其他功能正常、不會疼痛的部位。

　　如果某個人肩膀疼痛，他還有另一隻手臂、兩條腿與核心，心血管、神經與呼吸系統也都正常運作。客戶持續訓練，除了生理上的好處，心理上也會有所收穫。你能幫助他們，不要把注意力放在受傷這件事情上，而是專注於他們擁有的機會。

　　跟我一起想像這個場景：

　　你的客戶熱愛舉重。這件事能幫助他們管理壓力，對生活

有掌控感。這也是靜心的一種形式。

　　某天，客戶進行硬舉，從地板上拉起重量時，下背傳來尖銳的疼痛。你知道這不能置之不理。

　　你建議他看醫生後再訓練，經過核磁共振檢查，發現他有一個椎間盤受損。

　　客戶從容面對，持續訓練其他沒有受傷的部位，也積極進行物理治療。

　　他堅持再次嘗試硬舉，因為這是他熱愛的運動項目。

　　做為教練，你需要詢問下列問題：

- 你需要再次進行這項運動嗎？
- 你有能夠進行這項運動的可動部位嗎？
- 你願意以不同方式進行這項運動嗎？
- 你能承受再次受傷的風險嗎？
- 你是否接受再次進行這項運動並不是個好主意？

　　「沒有痛苦，就沒有收穫」是種過時與危險的心態。疼痛是大腦發出的警告，要我們停止正在做的事並重新評估，就像是車子的引擎燈號一樣。

　　如果你發現客戶在兩組訓練間一直搓揉身體某部位，每次跑步後都會伸展小腿，或是在臥推之後，臉部表情扭曲地轉動肩膀，你應該詢問他是否會疼痛。

這個問題的答案，只有**是**或**不是**。

「沒有痛苦，會有更多收穫。」

守則 ⑦1

當你有把鎚子，任何東西看起來都像釘子。

當客戶因髖部疼痛而尋求專業協助，以下是一些可能的建議：

外科醫師：「我可能需要開刀看看。」

按摩治療師：「讓我把手肘放在那試試看…」

肌力教練：「我們來增加一些單腳動作，還有髖屈肌活動度的訓練。」

針灸師：「經過幾次療程，你會發現疼痛趨緩。」

物理治療師：「我們將使用器械輔助軟組織鬆動術（Graston®）處理股四頭肌，在身體側線貼上肌貼，然後進行一些橋式與彈力帶行走。」

瑜伽講師：「運用呼吸讓自己放鬆。你最需要的是這十二項基本的瑜伽姿勢。」

小心你固有的偏見。詢問自己：「對他來說，這是最正確的做法嗎？」

讓人們有機會從醫師或其他從業人員身上得到不同的意見，這也可以幫助你檢視自己的做法。如果能跟其他醫師或從

業人員建立互信的關係就更好了。他們以不同的方式協助服務客戶，有許多值得學習之處。

　　放下你的鎚子，在決定下一步之前，先看看其他的工具。

守則 72

慢燉鍋 vs. 微波爐

長遠來看，為進步而進步的客戶，結果往往會讓他們失望。舉例來說：

- 把槓鈴交給尚未熟悉重量的客戶。
- 每週增加更多負重，即使動作與速度受影響。
- 短時間內規畫大量的體重增加或減少。
- 劇烈訓練導致客戶痠痛，造成下一次訓練對客戶沒有幫助。

你的課表安排，應該要像慢燉鍋一樣細火烹調，讓客戶慢慢成長；而不是像微波爐快速加熱，想讓客戶在短時間內有收穫。訓練的重要性，是影響人們五年、十年甚至二十年之後的生活。

在規畫今天的課表時，應該要把下一次的訓練與往後的訓練也考慮進來。經過一年的時間，一開始就急忙想要有所表現的客戶，反而容易失敗；能夠持續不懈的客戶，比較有機會取得最後的勝利。

如果有個運動員新人上門，你要為他即將到來的賽季進行

訓練，你不會只看這一季，他的長期目標是四年內達到巔峰。
如果你在訓練一位四十歲的客戶，他的目標是希望生活品質能
更好，你的訓練應該同時為他的五十歲、六十歲，甚至更年長
的生活做準備。細火慢燉。

　不要讓持續進步的人感到氣餒，即使他進步速度十分緩慢。

　　　　　　——柏拉圖

守則 ⑦③

某個人的熱身，是另一個人的一次反覆最大重量。

　　假設在你的團體班裡有十個成員，他們都正在做單腳橋式。對一位精英運動員來說，這只是熱身；對一位訓練近六個月的客戶而言，這是他已經模式化的肌力訓練動作；但若是初學者或狀態不佳的客戶，這很可能是他的一次反覆最大重量（one-repetition maximum，1RM，指訓練者以正確姿勢只能舉起一次的最大重量）。

　　當你訓練的團體成員能力各異時，請記得這項守則。如果你讓團體中的十個人都做相同版本的同一個動作，這不是教練，只不過是給課表而已。做好隨時改變計畫的準備，在你上課前，就先準備好退階動作。

以良好的姿勢舉起重量
是種矯正訓練，同時還能改進活動度。

而且這不只是要舉起重量而已。它是指在負重情況下，適當地以完整的活動度範圍進行**任何**動作模式。

用進廢退，有在使用的東西，就不會失去。

- 負重全活動範圍下單腳硬舉，就是負重腿後肌伸展。
- 負重後腳抬高蹲，就是負重髖屈肌與股四頭肌伸展。
- 深蹲可以改進腳踝活動度，即使是加上輔助或腳跟墊高的情況下也一樣。
- 以正確姿勢完成伏地挺身，可以提高手腕活動度與肩膀穩定度。

如果每個人每天能做一個完整的正握或反握引體向上（從放鬆垂吊到把胸骨帶到橫槓），我敢說肩膀受傷的情況會減少很多，而且會有更多成年人可以處理把重量高舉過頭的動作。

守則 75

想辦法讓訓練動作「自我限制」。

　　我注意到「自我限制的訓練動作」（self-limiting exercise）這個概念，是在格雷・庫克的《動作》（*Movement*，暫譯）一書中。簡單來說，自我限制的訓練動作，是指透過訓練時的姿勢、使用的工具，或是周圍的環境，讓動作本身就身兼教練的功能。

　　有些訓練動作不需額外加工，自然而然就是自我限制的動作。從走繩上摔下來？走繩就是教練，告訴你做錯囉！攀岩時掉下來？攀岩牆就是教練，告訴你做錯囉，下次要有更好的表現。跳繩時甩到小腿很痛？跳繩就是教練，告訴你做錯囉！從槳板上掉下來？它在告訴你，要再精進自己的平衡感，或是你還無法駕馭今天的海況。想學游泳？做錯了可能會致命！

　　當然，教練可以運用一些訣竅或技巧來加速學習。但通常在自我限制的運動裡，面臨到的失敗本身就是教練，讓人可以自然地提升表現。

　　像深蹲、硬舉和臥推等，就不是自我限制的動作，除非有人告訴你，否則你不會知道自己做錯了。在這些動作裡，失敗沒有辦法教你什麼，你需要的是一位老師。

　　我會想盡辦法，讓所有動作成為自我限制的動作，藉由指

定姿勢，或是使用工具，讓他們知道自己動作是否正確。做為一個懶惰的教練，我寧可把時間花在指導進階技巧，或是和健身房的會員們交流互動上。比較初階的工作，則交由器材或是姿勢來幫我把關。

下面是庫克進一步的說明：

「自我限制的訓練動作要求當下全心全意的專注，同時還需要具備對動作、體線（alignment，身體的排列）、平衡與控制的覺察。我們不能只是戴上耳機，在跑步機上或走或跑，然後一邊滑手機找音樂或是眼睛盯著電視裡的新聞看。自我限制的訓練動作需要我們的參與，打赤腳跑步就是一個最明顯的例子。赤腳跑時，跑者會從腳底的感覺接收到訊息。」

我不是認為要讓客戶少做深蹲、硬舉和臥推，改成赤腳跑步。而是建議你，建立一個訓練的環境，幫助客戶在運動成果上有更好的效益。那些擁有自然限制、需要客戶在技術上有所留意的動作非常多樣，能替客戶建立信心、身體保持平衡，最終會為他們的運動表現帶來正向發展。

在健身房，自我限制的訓練動作可以是：

• 使用平衡板──平衡板能讓你誠實面對自己的身體狀

況。

- 跳繩——跳繩時甩到小腿，就是跳繩這位教練給你下指令了。
- 半跪姿和高跪姿——限制使用某些關節，能讓穩定肌群正確運作。
- 高腳杯深蹲——身體因前側的重量，而往後坐更多，身體更加直立。
- 壺鈴底朝上訓練——如果抓握力不足，或不夠專心，壺鈴就會掉落。
- 推重的雪橇——如果雪橇夠重，預備姿勢或身體前傾不正確，就沒有辦法推動它。
- 農夫走路——姿勢不好的話，沒辦法走得很遠。

上面這個清單只是其中一部分而已。自我限制的訓練動作取決於你的想像力，有上百項的運動和許多方法可以建立自我限制的環境，讓客戶運動效益最大化。

第138頁的守則54「助理教練」，可提供你更多想法。

守則 76

要思考能達成目標的最低有效劑量是多少？

當你頭痛時，會吃一兩顆阿斯匹靈來緩解。但你不會把整瓶都倒來吃，因為多一點並沒有比較好，而且這麼做可能會讓你送命。

安排課表時，我們需要不斷地詢問自己，在訓練時間、反覆次數與負重上，讓客戶想達到想要結果的最小劑量是什麼？如果少一點的訓練，可以得到相同的結果，不但省下時間，也降低風險與加諸在身體上的壓力，教練與客戶都會更快樂。

> 劑量決定毒性。
> ——毒理學之父帕拉塞爾蘇斯（Paracelsus）

守則 ⑦

為客戶做好壓力管理。

許多客戶來到健身房時，他們的壓力指數在一至十分的量表上，已經是「十分」的程度。睡眠不足、營養不良、家庭作業、照顧孩子、老闆、老師，外在世界的噪音持續不斷。他們習慣生活在高壓狀態下，所以希望能透過訓練，提高他們對壓力的耐受度到十二分（但事實上量表最高只有十分）。

幫他們的真實狀態做個確認。你可以透過下面幾個問題，了解他們進門那一刻的「溫度」：

你感覺如何？

你上次的訓練如何？

昨晚睡得怎樣？

一至十分來說，你覺得現在壓力指數多少？

從這裡開始，慢慢為他們降低壓力。從滾筒按壓、伸展與呼吸練習開始。呼吸是有意識地影響自主神經系統最簡單的方法。更具體地說，呼吸練習能影響迷走神經，它是副交感神經的主要部分，能調節心跳、呼吸與消化。（更多指導呼吸的方式，可參閱第101頁的守則35。）

接著，你會想讓客戶溫和地嘗試一些運動，因為他們可能一整天都沒做什麼運動。我們的目標是盡可能把壓力指數降低到三或四。或是你可以把它想成「興奮量表」，丹·約翰把這過程稱為「喚醒」。

我們的目標不是要在運動前，讓身體過度冷靜或亢奮，而是要提供身體一個挑選動作的窗口，並在適當的時機呈現最好的身體控制，因為此時心理與生理的緊張已經降低了。

這個時候，你就可以開始訓練：先用熱身來提高心跳率，然後是對神經系統要求最高的爆發力訓練，接著肌力訓練，最後以體能訓練收尾。

在他們離開之前，你可以透過滾筒按壓、伸展與呼吸練習，再次幫助他們降低壓力。

其他像是壓縮衣與壓縮褲、三溫暖、深層組織按摩、冷療、冥想等恢復方式，也很適合放入課表。

在壓力指數三至四時，人們能夠自行恢復；但他們沒有辦法在壓力指數十的狀態下，讓身心自行恢復。如果客戶的生活，大部分是處於壓力指數十的狀態，他們就沒有辦法完全恢復。別要求他們做高強度、高技術的運動，像是波比跳、全力衝刺、大重量槓鈴訓練或是循環訓練、對比訓練或是負荷訓練這類的，你這麼做就像是把更多木柴丟進火堆裡一樣，讓他們壓力更大。做為壓力管理者，當他們無法自己降低壓力時，你的工作是協助他們做到此事。

　　壓力是好的，但如果過量會讓人無法負荷。對客戶來說，學習如何在極大的壓力與復原之間調整，是很重要的事。給予客戶工具，讓他們可以調節心情、心態與專注力。這就是所謂的「韌性」。

　　而換句話說，韌性不就是體適能（fitness）嗎？

守則 **78**

別不斷凹折信用卡。

我用這個比喻方式來向客戶說明，根據他們的動作評估與過往狀況，為什麼要禁止他們做某些運動。當他們重複進行身體無法完成的運動時，其他部位一定有代償效應。這種代償很可能導致表現不佳，甚至造成受傷。

你的身體不會在乎怎麼完成一項工作，它只關心是否有完成指派給它的工作，因此會想盡辦法去完成任務。如果你的客戶沒有足夠的腳踝活動度，在深蹲時，腳、膝蓋、髖、背與肩膀，就得出來收拾殘局。而且，越好的運動員，代償能力越好。

很糟的動作重複上千次，會造成關節磨損。隨著時間過去，這些補償效應會折損關節與組織，就像信用卡被凹折一樣。當你凹折信用卡，前幾次它不會斷裂，只會有凹痕；然後凹痕越來越深，越來越深，最後就斷裂了。

你可能想知道肌肉組織與肌腱是否也如此。對肌肉來說，更具體的比喻是繩子與滑輪。繩子是肌肉，滑輪則是這個肌肉穿過或連結的關節或骨骼。理想的情況下，繩子能在滑輪上沒有摩擦力地來回移動。但如果那根繩子沒有好好地放在滑輪的溝槽內，它就會開始摩擦兩側。隨著時間累積，這種摩擦（炎症）就會造成繩子斷裂（肌腱炎與肌腱病）。

　　發生代償效應的客戶，不會在第一次訓練時就受傷，就算是第一百次訓練也不見得會受傷，但最終他還是得付出代價。如果客戶的動作模式不佳，應該在一開始就更正，而不是等到它根深柢固才來處理。

　　別讓客戶持續凹折信用卡。

守則 79

關注細節就能避免多數錯誤。

這是我在麥克・波羅伊訓練中心所學到的第一堂課：

- 不要自雪橇上取下一百磅的槓片。
- 繩梯不應該打結。
- 收起滑板時，需將它們朝外放置。
- 將奧林匹克槓 Eleiko 和 Pendlay（一支價值超過六百美元）留置在平台上，不要用它來做臥推深蹲或硬舉。
- 不要將雪橇帶打結。
- 不可將藥球或抗力球放置在跑步機區域內。

類似這種規則的存在是有原因的。它能讓我們節省時間，幫助我們省錢；保護我們的安全，還能提高品質。

- 在指導團體班時，你不用離開去尋找器材。
- 你不會損壞昂貴的專業槓鈴與滑板。
- 你不會浪費時間在處理打結和解開繩梯。
- 你不會冒險讓藥球在移動的跑步機下滾動，否則它會像從大砲中射出一樣，往你射去。（這是真實故事。）

普通常識並不那麼普通。

如果你想要變得優秀，請把普通事情做得不尋常地好。不要忽略小細節，因為他們通常會成為你的最大花費，不論是時間或金錢。

「要做任何一件事，取決於你如何做每一件事。」

刻意練習：「我該如何安排課表？」

第一部──檢視課表與需求分析

目的

在這裡，你將挑戰自己目前規畫課表的理念。

概要

請客觀地觀察自己的課表。為你在課表中安排的每一項動作說明原因，你會意識到自己在知識與應用上程度的落差。額外去思考這些事情，能夠提升你安排課程與決策的能力。

指示

選定三到五個你為某個客戶或團體所安排的課表。如果還沒有客戶，請使用你自己的課表。最好選用不同族群的課表 —— 舉例來說，你可以選擇一位運動員，另一位是膝蓋受傷，正在治療與復健的人，第三個則是五十歲以上的成人所組成的團體班。

如果你已經完成本書開頭的練習二，你可以直接使用那些答案，並跳到下一步。如果還沒完成，請拿出紙筆，然後在最上面寫下「我選擇這項動作是因為……」，一次一項運動，鉅

細靡遺地解釋你為什麼要這麼安排。

　　想像自己在法庭上，奮力為你安排的課表辯護。提姆‧康卡農（Tim Concannon）教練和他的團隊就這麼做，他們舉辦了一個「訓練庭」。你和你的課表是被告，提姆是法官，你的同事是陪審團。

　　一次使用一份課表，來回答下面的問題。

- 客戶和這個團體的主要目標是什麼？這個目標為什麼重要？
- 是否有實現這個目標的時間表？
- 根據你的評估，他們的身體屬性為何？
- 根據評估，你為客戶與這個團體設定的目標是什麼？

範例

　　羅傑的目標是在女兒婚禮前的十六週內減掉二十磅。他承諾每週在健身房訓練三天，在家訓練一天。羅傑是一位五十五歲的律師，體重兩百二十磅，目前沒有健康問題。他每週騎單車共兩小時，每天遛狗二十分鐘。

　　他的肩膀活動度嚴重受限，手無法高舉過頭，且右側髖屈曲至末端時會有擠壓感。使用我們的體能標準，羅傑是缺乏肌力與相對爆發力。

　　根據這份評估，我會調整所有上推運動項目，以及兩側的髖屈曲訓練動作，目標是盡可能恢復其功能。我也會把課表的重點放在增強鉸鏈、核心與拉這三種動作模式的肌力。

你的任務

　　根據你對這個人或這個團體的了解，再加上你的評估，寫下他們四個水桶（活動度、肌力、爆發力與體能）目前的水量，它是滿出來的、空的，還是剛剛好？你又是如何得出這個結論的？

　　你怎麼知道的呢？

- **活動度**

　　以下我們繼續以羅傑為例：活動度水桶是「空的」，因為他肩膀的活動度很差，臀部也會有不適感。

- **肌力**

　　「空的」。將羅傑的評估與我設定的成人客戶體能標準的肌力與爆發力做比較，有多個項目他都沒有達到標準。

- **爆發力**

　　「空的」，理由同上。

- **體能**

「充足」。在客戶記錄中有提到，羅傑每週騎單車一百二十分
鐘，另外還有每週一百四十分鐘的低強度步行，帶狗散步。
在我們一起訓練的時候，充填他的活動度、肌力與爆發力水
桶是最好的做法。這個策略能同時讓體能水桶進帳（雖然沒
有特地進行體能部分的訓練）。

　　現在，考量你看到的各水桶水量與目標，假設這個人或團
體是完全健康且沒有任何動作的限制，列出五到八個你為他們
安排的大石頭動作。

　　　　我為羅傑安排的大石頭動作是：使用箱子輔助的高腳杯
蹲、使用訓練墊輔助的伏地挺身、壺鈴擺盪、側弓步、起立、
懸吊與棒式。

這些運動和你正在檢視的課表裡所列出的項目是否一致？

　　接著針對每一樣大石頭動作，寫下與這項動作相關的動作
模式。五個主要的動作模式類別為：

- 推：垂直和水平
- 拉：垂直和水平

- 蹲：單側和雙側
- 鉸鏈：單側和雙側
- 反核心：抗伸展、抗旋轉和抗側屈

　　你的大石頭動作是否有涵蓋這五種動作模式？如果少了一個，請增加一項包含這個動作模式的大石頭動作。要確認這個大石頭動作與目標一致。

　　現在問自己，「多強壯才夠強壯？」重新檢視你所列出來的大石頭動作，為每一個大石頭動作訂定最終目標或標準。你認為要為這項動作需要多大的重量、幾次反覆或多長時間，才能實現他們的目標（或是你為他們設定的目標）？

　　在清單上，把每一個大石頭動作的最終目標與標準寫在旁邊（你可以翻回第146頁複習守則57「多強壯才算夠強壯？」）。現在來參考我的範例。記住，羅傑是一位想要減重的客戶，而他的目標體重是200磅。所以我們要用200磅而非220磅，來計算在十六週要逐步達成的最終目標重量。

- 使用箱子輔助的高腳杯蹲（雙側深蹲），負重50%體重（100磅），十下
- 使用訓練墊輔助的伏地挺身（水平推），十下（胸部需碰觸到平放的瑜伽磚）
- 壺鈴擺盪（雙側鉸鏈），負重35%體重（70磅），十

二下

- 高腳杯側弓步（單側深蹲），負重 30% 體重（60 磅），
  八下
- 起立（所有反核心類型與垂直推），負重 25% 體重（50
  磅或 22.2 公斤），每邊三下
- 懸吊（垂直拉），一分鐘
- 肘棒（抗伸展），一分鐘

現在，你已經檢視自己其中一個課表，也完成了需求分
析，接著來改善這個課表。

刻意練習：「我該如何安排課表？」
第二部──安排課表

　　我最喜歡麥克·波羅伊關於安排課表的邏輯想法之一，是把自己想成一個餐廳的主廚。你有一份慣用的運動菜單，內容是根據過去的經驗，以及你認為客戶想要的事物。

　　大石頭動作是你的主菜。菜單上其他料理，都要支持這道主菜。今日湯品、開胃菜、生菜沙拉和甜點分別是滾筒按壓、伸展、矯正運動、動作熱身準備、動作控制、輔助運動。當你的菜單是深思熟慮後的安排，客戶就會滿載而歸。

　　我們繼續以餐廳為例，你今天在廚房中的身分為何？

你是──
- 二廚：初級教練
- 副行政主廚：中級教練
- 行政主廚：高級教練

二廚和副行政主廚必須遵循下面這個食譜：

軟組織放鬆→活動度訓練→動作控制訓練→動作熱身準備→爆發力訓練→肌力訓練→體能訓練

一旦成為行政主廚，你可以也將會變化菜單，但原則仍然適用。

現在有了操作的順序（食譜）、大石頭動作（主菜），以及分屬各個類別的運動項目（配菜），可以開始烹飪了！

指示

拿一張紙，或是打開新的Word文件或電子表格。將你在檢視的課表放在旁邊做參考。

調整、增加、刪減、重寫整個課表，把重點放在大石頭動作上。其他課表也重複相同的流程。

首先，將你的大石頭動作分配至安排好的訓練日裡。

兩日訓練的範例看起來可能像這樣：

星期一	星期四
使用箱子輔助的高腳杯蹲 使用訓練墊輔助的伏地挺身 懸吊 棒式	壺鈴擺盪 側弓步 土耳其起立 騎單車

四日訓練的範例看起來則可能像這樣：

星期一	星期二	星期四	星期五
使用箱子輔助的高腳杯蹲 使用訓練墊輔助的伏地挺身	壺鈴擺盪 棒式	騎單車 懸吊	側弓步 土耳其起立

　　記住，你最初挑選的大石頭動作，前提是客戶或團體身體完全健康且沒有動作限制的狀況。但多數人不太可能是這種狀態；因此，你要反向工作，確認客戶或團體的退階動作為何，讓他們可以從今日的狀態，持續進步至理想的大石頭動作。

　　以下是兩個情境範例：

　　我的客戶無法在地板上完成伏地挺身。我將動作退階至手抬高到臥推椅、槓或者是箱子上。經過十六週的訓練，客戶逐漸進步，離地面越來越近，最後做到完美的伏地挺身。

　　另一位客戶的腳踝活動度很差，髖部不喜歡全屈曲，高腳杯蹲對他來說很困難。為了配合人們當下的狀況，我將它調整為退階動作，深蹲時腳跟墊高，來解決腳踝與臀部的活動度問題。

　　而進一步支持這個深蹲模式，我讓客戶將重量握在胸前，並在每一次蹲下時往外推，這麼做能強迫他將臀部往後推，保持對胸椎與骨盆的控制，減少一些前髖關節複合體的壓力。

　　最後，我會使用箱子來量測深度，避免客戶下降至水平線以下。在每組之間，我們會做腳踝與髖部活動度訓練，目標是持續進步，最後能擺脫這些深蹲支持系統。

　　每一種運動都能以這種方式，調整為退階模式。

　　詢問自己：「我要怎麼協助這個模式？」彈力帶、椅子、長型滾筒、PVC管等等都可以幫上忙，不要被自己的想像力給限制住了。

　　想了解更多關於運動的進退階模式，歡迎參加**功能性肌力教練認證**課程。這個工作坊提供八小時實作課程，你可學習到如何將四十一種不同的運動調整為進退階模式，並了解其原理。

　　現在你有不同天數的訓練課表和屬於每一個訓練日的大石頭動作，也知道如何將這些大石頭動作調整為退階模式，來符合客戶目前的能力，讓我們一起完成課表。

　　要做到這件事，一次處理一天就好。選擇課表的其中一天，確認每一樣動作屬於哪一類別，透過完成這一堂課的內容，來逐步建構你的課表。

　　我使用兩日訓練課表做示範。星期一，高腳杯蹲、伏地挺身、懸吊、棒式。那一天的課程看起來應該是這樣：

軟組織放鬆

　　滾筒按壓系列：小腿、腿後肌、臀肌、股四頭肌、內收肌、肩膀 —— 總共三分鐘。

活動度訓練

　　兩組循環：

- 壺鈴輔助的單跪姿腳踝活動度訓練，每側二十下
- 蜘蛛人伸展（後方膝蓋放下貼地），每側三次的 444 呼吸*

＊444 呼吸：從鼻子吸氣四秒，屏住呼吸四秒，再從嘴巴吐氣四秒，最後屏住呼吸四秒，重複以上步驟。

- 跪姿 PVC 闊背肌伸展，每側三次的 444 呼吸

動作控制訓練

三組循環：

- 躺臥彈力帶髖屈曲，每側十下，每次停留兩秒
- 平板式行走，八次

動作熱身準備

- 深蹲循環：碰腳趾式的深蹲、分腿蹲、側蹲、斜蹲，各五下
- 熊爬，前進後退各二十步
- 橫向爬行，左右各二十步

爆發力訓練

三組循環：

- 藥球胸前推，十下
- 12 吋跳箱訓練，五下

肌力訓練

三組循環：

- 腳後跟抬高的高腳杯蹲，八下

- 手抬高式伏地挺身，八下
- 懸吊（越久越好）
- 累積六十秒的肘撐棒式，保持高品質的組數，舉例來說，它可以是維持三十秒兩組，或是維持二十秒三組，或是維持十五秒四組

體能訓練

- 單車衝刺二十秒，休息四十秒，八次

在兩日課表中的星期四，我會遵循一樣的流程，完成壺鈴擺盪、側弓步、土耳其起立與單車。

重點在於要包含所有的動作模式，並堅持課表的流程與內容。

完成刻意練習後要記住的事

如果你不確定要重複幾次，預設值是八次。這個重複次數能讓客戶在學習這項運動時不會太累（動作會跑掉）或使用太重的重量（次數有自我限制效果）。

從反覆八次開始後，對於複合式動作，像是深蹲、伏地挺身、硬舉，或是任何包含跳躍的運動，次數每週減少一次，連續四週（第一週：八次；第二週：七次；第三週：六次；第四

週：五次）。反覆次數不能低於五次，否則重點會從「動作」轉移到「負重」上。低於五次的動作，應保留給高階肌力運動員訓練。

　　從八次反覆開始後，對於簡單的運動，像是矯正運動、可在地面完成或從跪姿開始的運動，或是特定肌肉的輔助式運動，每週增加兩次，連續四週（第一週：八次；第二週：十次；第三週：十二次；第四週：十四次）。因為時間有限，我不建議次數超過十四次。與其持續增加次數，我會經由改變位置或增加負重，來提高運動的難度，達到進階的效果。

　　如果你知道有多少時間，來幫助客戶達到計畫目標（八週、十二週、十六週、二十四週……或是能夠持續進行），你可以分階段來安排課表，每階段三到四週。三至四週是一個人學習並精熟某事所需要的時間，身體同時也會適應，可以再進入該動作的進階版本。

　　比方說你有十六週，將它劃分為四個階段，每階段四週，你可以運用這四階段來達到最終目標。如果你的最終目標，是客戶能夠進行高腳杯蹲50%體重十下，第一階段應該是高腳杯蹲30%體重，第二階段是負重35%體重，第三階段40%體重，而第四階段45%體重，在最後以50%體重進行測試。

刻意練習：「我該如何安排課表？」

第三部——彙整

你已經回答了這些問題——

- 他們的目標是什麼，你為他們設定的目標又是什麼？
- 什麼大石頭動作可以幫空的水桶加水，並幫助你實現目標？
- 你的大石頭動作是否包含五種動作類別？
- 你為每一個大石頭動作設定的標準與最終目標是什麼？（多強壯才夠強壯？）
- 要花多久時間才能實現這些目標？客戶承諾一週能訓練幾天？

也完成了這些步驟——

按照這個流程：軟組織放鬆、活動度訓練、動作控制訓練、動作熱身準備、爆發力訓練、肌力訓練、體能訓練。

- 填寫每個類別的動作並指定組數與反覆次數。
- 爆發力訓練與複合式動作重複次數要逐次減少。
- 矯正運動、核心、特定肌肉訓練動作重複次數要逐次增加。
- 建立一個以三週或四週為一階段的訓練計畫，來涵蓋你實

現目標的總時間。

十二週訓練＝三個階段（每一階段四週）或是四個階段（每一階段三週）

二十四週訓練＝六個階段（每一階段四週）或是八個階段（每一階段三週）

在每一階段，要持續朝著你的標準與最終目標前進。慢而穩才能贏得比賽。依照這個操作順序，讓你有能力建立適應力強的課表。適應力強的課表能依據客戶的能力做調整，同時在每次訓練、每一組動作、每一次反覆時，都將重點放在最終目標上。

你希望有其他教練查看你的課表嗎？

我發現Twitter上最適合詢問及回答課表問題。你可透過帳號@BrendonRearick找到我。或是發送郵件至CoachingRules@gmail.com。

你希望有人帶領你負責任地從頭到尾完成整個過程嗎？

我很樂意成為那個人。我們根據本書刻意練習的內容，提供為期六週的《好教練的養成之道》線上課程。我將帶領你逐步檢視與建構課表，確保客戶順利進步。前往Coaching-Rules.com了解更多課程內容。

第四部

如何使教練工作成為
一份終身職業：
服務他人

這感覺像是陳腔濫調，但請聽我說完。

做一名傑出的教練，不僅僅是告訴客戶要做什麼和不要做什麼，還包括除了教練之外，你在做其他事情時是如何呈現自己的。你的身分，是一名專業人員。

一旦決定成為一名教練，就決定事情不再是「關於你」，而是「關於他們」。

你必須照顧自己與家人，因為你無法從空的杯子裡倒出任何東西來。如果你想要影響他人並贏得尊敬，在你展示自己以及做決定時，必須同時顧及客戶與運動員。

一旦決定成為一名教練，你就像簽了一份不成文的合約。你要靠自己去贏得好名聲，不會有人給你。好的指導方式與課表規畫能讓你進入競技場，但你要靠自己的名聲，才能一直留在比賽當中。

生活中的祕密隱藏在「陳腔濫調」當中。

每一次你聽到像是陳腔濫調的事物，就要把耳朵豎起來。

那是你該好好傾聽的時刻。

——夏恩‧卡爾（Shay Carl），美國知名 YouTuber 與作家

守則 ⑧

如果你總是匆匆忙忙、不停付出，
哪有時間磨利斧頭？

　　匆匆忙忙與不停付出，對長期職涯來說不是好事。只要三年的時間，你就會一無所有，沒辦法再付出。這裡告訴你一個很好的經驗法則：你對教學與工作付出多少心力，就要給予準備和學習同等的重視。

　　如果你計畫要打造一個成功的教練職涯直到退休，一開始就要為這場持久戰做準備。規畫你的職業發展，讓它像你安排的課表一樣線性成長，能夠緩慢但持續地進步。

　　我們生活在一個「現在就想要」的世界。人們認為如果自己做了兩倍的工作，就會以兩倍的速度得到回饋。

　　這是行不通的。

　　麥可・喬丹、米婭・哈姆、湯姆・布雷迪、關穎珊、韋恩・格雷茨基、黛安娜・陶樂西、傑瑞・萊斯、威廉絲姊妹……，你認為這些運動員偉大的成就，是來自兩季的賽事、一次的冠軍，或者一回的奧運賽事嗎？

　　不。那是他們工作多年的成果。每一回合他們都全力以赴，讓自己能夠緩慢卻持續地進步。

　　如果給我六個小時砍樹，我會用前面四個小時把斧頭磨利。
　　——林肯（Abraham Lincoln），前美國總統

守則 ⑧1

工作前五年，訓練每一個人。

　　我指的是每一個人：你的兄弟姐妹、叔叔阿姨、大學室友、公車司機、朋友，還有朋友的朋友。好吧，如果垃圾桶需要訓練，那你就訓練它。

　　而且這麼做時，你要盡力做到最好，以訓練專業運動員的強度與用心，來訓練他們每一個人。

　　盡可能多接觸不同類型的客戶與訓練情況，能給你所需的經驗，在五年後獲得有意義的成功。

　　剛起步時你不能挑剔；隨著時間過去，你才能夠做選擇。在這之前，接受每一次的訓練機會。

守則 82

工作五年後，學會說不。

當你在自己的社區附近已經頗有名聲且行程表總是滿檔，你必須學會對他人說「不」。此時，接受與你的優先事項不一致的機會對你並沒有幫助，它們只會讓你在實現職涯目標時繞遠路。

我先前就是沒問題先生，花了好幾年的時間才習慣說「不」，不再覺得自己錯失了千載難逢的機會而感到恐慌。

某些時候，你會想在週末休息一下，報名烹飪課程、和朋友一起參加酒吧舉辦的活動、帶孩子上學，或是一週保留幾天與家人一起用餐。

如果你希望教練生涯能長久持續，就必須學會說不，因為你的家庭與自身的責任，是更優先的事項。

守則 83

工作前五年，將收入的十分之一用於進修。

　　商業顧問與作家博恩・崔西（Brian Tracy）曾說過，用於進修的每一塊錢，都能預期有三十倍的回報。這個數字或許有些誇大，但「投資自己」這個概念真的是如此。

　　使用這個比率去計算，理論上參加一場研討會所花費的279美元，會在你職涯當中帶來8,370美元的回饋。你在這場研討會所獲得的知識、經驗與人脈會像複利一樣，隨著時間過去不斷增值。

　　當你決定要投資自己，不需要考慮太多，尤其在初進這個領域時更是如此。許多事物在另一邊等待你去發掘。

　　　如果一個人將錢倒進腦袋裡，就沒人能將它偷走。

　　　　　投資於知識，回報最佳。

　　——班傑明・富蘭克林（Benjamin Franklin）

守則 ⑭

工作五年後，將收入的十分之一存下來。

一旦你投資了自己，也該開始投資你的未來。當你的行程滿檔，開始將收入的十分之一存下來，同時也要持續把十分之一投資在進修上。

已屆退休年齡但卻沒有儲蓄的人，數量多得驚人。西北互惠財務顧問公司（Northwestern Mutual）在2019年做的一份研究指出，在美國有22%的成年人，退休帳戶的積蓄不到5,000美元，有46%的人則希望工作到六十五歲以後。

這應該是一記警鐘。教練不是最賺錢的職業，根據Salary.com的資料，這份工作在2020年的平均薪資為61,322美元，因此，為未來儲蓄這件事極為重要。

你越快開始投資退休計畫，複利作用的時間越長，成長的價值會越可觀。如果你在四十年內每個月投資100美元，以每年平均7%的投資報酬率來計算（標普500指數在調整通貨膨脹後的歷史平均年投資報酬率），到了準備退休的時候，你會擁有256,331.48美元。你在四十年的時間裡投入了48,000美元，然後賺了208,000美元。

第二種情況是，你等了三十年才開始投資，然後在十年內每個月投資1,000美元，假設年投資報酬率一樣是7%。即使投

資增加了十倍，到了退休的時候，你只擁有177,403.19美元。
你在十年的時間裡投入了12,000美元，然後賺了57,000美元。

　　讓複利為你工作。到了五十歲的時候，你真的還想要早起
幫五點的團體班上課，然後留到很晚，等待下午上課的客戶
嗎？

　　二十歲時學習，三十歲時賺錢，四十歲時儲蓄，五十歲時給
　　　　予，然後享受你六十歲之後的人生。

守則 85

別因太忙碌（或太節儉）而無法進步。

當客戶說他們沒有足夠的時間運動時，你會有什麼反應？

「因為這不是他們的優先事項。」

如果是，他們會想辦法安排時間。

「我沒有時間⋯⋯去工作坊、看書、參加線上課程。」會這麼說的教練，道理是一樣的。

我會認為，你應該要是沒有時間**不去做**這些事情！沒錯，它們要花錢，但如果你希望人們購買你與你的服務，你要能提供一些東西。你需要拉開自己與一般教練的距離，而教育是實現此事的一個方法。

另一個方法是「給予超出預期的事物」。

這個方法可以從「做其他人不願意做的事」開始，像是送客戶生日卡或感謝卡、參加運動員的體育賽事、響應客戶的募款活動、當人們不在健身房時確認他們是否安好，以及安排時間進修，讓你能以更好的狀態去服務客戶。這些事情的主動權在你手上，可以明天就開始進行。

我會用一個方法來讓自己負責：先在年曆上寫下我想參加的課程以及它們的日期。

接著計算這些課程的花費，包括學費、差旅費還有工作的

損失，然後立刻報名並支付課程費用。

　　丹‧約翰稱這種做法為「鯊魚習慣」，咬一口就完了，也就是一次把事情做好。

　　這類似我們叫客戶報名比賽，於是他們會為此開始訓練。我承諾自己做某件事情，然後每個月存一些錢，為這筆花費做準備。我知道這些花費會以職業或是社會資本的方式回到我的身上。

　　當你變得更好，就能改變更多人生命，有更多人想跟你一起工作，你的收費也會更高。這是三贏的局面。

　　你希望客戶做什麼，自己也該這麼做，而且**找出時間**讓自己變得更好。在你的行事曆中，安排「變得更好」的時間，就像安排客戶訓練或與朋友碰面喝咖啡一樣。

　　　　人生中沒有哪一項投資，會比投資自己更划算。

　　　　學得越多，賺得越多。

　　　　　　——股神巴菲特

守則 86

別管其他人的事。

就算你的某個客戶曾有下背痛的困擾，而現在覺得好多了，也不能讓你成為背痛專家。你在週末上了一堂關於睡眠好處的課程，不代表你可以診斷睡眠障礙。

健身專業人員不能做診斷。你不用試著找出解決方法，但可以讓身邊有一些能夠填補這個空缺的人。你不需要做每件事，如果你嘗試這麼做，最後可能讓自己陷入不合格的情況。提供有用的建議與嘗試管理特定醫療狀況之間，存在著很細微的差異。

客戶對你有極大的信任，所以提供清楚的訊息相當重要。你是一位訓練師與教練，而非醫生。

以下的執業範圍相關資訊，由健身房經營者麥可·佩里（Mike Perry）提供。下述每一項醫學專業皆不屬於健身專業人員的管轄範圍：

- 睡眠障礙
- 呼吸障礙
- 腎上腺疲勞
- 神經系統疾病

- 心血管疾病
- 醫療目的的營養建議
- 賀爾蒙失調
- 精神健康
- 前庭系統問題
- 診斷關節與肌肉骨骼問題

一旦診斷出這些問題，並有醫生開始處理後，你可以透過一份合適的訓練課表來提供幫助。

「這是我的執業範圍嗎？」當你有這樣的疑問時，停下正在做的事，向你信任的醫生或醫療從業人員尋求解答。你不能合法協助客戶的部分，他們可以提供幫助。

這讓每個人都滿意——你、治療師與醫生，還有最重要的——客戶。

當你有疑問時，轉交給其他專業人員處理。

守則 87

別稱呼自己為專家，讓其他人來。

　　所有我遇到認為是專家的人，都不會自稱為專家。相反地，他們之中有許多人患有「冒牌者症候群」，一種懷疑自己成就的心理狀態，而且常常擔心會被他人識破自己是個騙子。

　　他們不認為自己有什麼地方特別的，因此總是比周遭的人加倍努力，最終讓他們在工作上有傑出的表現。

　　保持初學者的心態，避免專家的心態。

　　「專家」是某個人或一群人在討論之後，給予你的封號。如果在個人資料或簡歷中看到「專家」二字，我會立刻抱持懷疑態度並謹慎處理。

　　房間裡講話最大聲的人，通常是最需要證明自己的人。

　　　在沉默中努力，讓成功自己發聲。
　　——法蘭克・海洋（Frank Ocean），美國歌手

守則 ⑧⑧

在場指導是你的首要工作。
其次則是保持健身房的整齊清潔。

「乾淨的重要性僅次於虔誠」，你或許聽過這句古老的諺語。乾淨的健身房比較方便走動，也會給人良好的第一印象。

乾淨的重要性無可比擬。我曾經看過MBSC的兩位老闆對此親力親為，麥克‧波羅伊在垃圾箱旁邊拆解紙箱，鮑伯‧漢森則是在停車場填充沙袋。

保持健身房乾淨是業主、管理者、訓練師、員工與實習生的首要任務。

保持健身房乾淨是**每個人**的責任。

守則 ⑧⑨

看起來要符合身分。打扮乾淨俐落，衣著合身並保持良好的衛生習慣。你提供的是非常專業的服務。

當我告訴非健身領域的朋友自己是一名教練時，總會有人說我非常幸運，因為想穿什麼上班都可以。是的，我們的著裝要求較一般的辦公室來得休閒，但並非什麼打扮都能被接受。

在我職涯初期，有一個清晨五點半的團體課。前一天晚上，我會把隔天上課的衣服穿著睡覺，幫自己在早上爭取一點點的時間。這麼做似乎沒有幫助，因為我還是會遲到五分鐘。我很快就了解到這種行為是不可接受的。感謝資深教練很有耐性地指正我的錯誤，讓我有機會進步。

人們付出高昂費用，購買你提供的一項服務。無論喜歡與否，你就是一個榜樣。（第236頁守則95「你就是會走路的廣告看板」。）你希望他們如何看待你？

看起來符合身分並不只和衣著相關，也包含你在網路上張貼的任何東西（或是張貼有關你的東西），避免發表過激言論，並對課堂之外的活動保密。

任何人都能在網路上透過名字搜尋到有關你的資訊──包含雇主在內。（附註：可使用隱私設定。）

如果你想被認真對待，請認真對待自己。穿著打扮與言行舉止都要符合專業。這裡是健身房，但它仍然是一份工作……，也是你的終身職業。

守則 90

成功是內心的平靜，
明白你已盡力成為你能成為的最好的人。

如果可以隨意挑選一位已故或者活著的人一起吃冰淇淋，我的選擇是教練約翰・伍登。他簡單的人生哲學，以及對細節的注重非常吸引我。這項守則就是他對成功的定義。

我喜歡這項守則的原因是，不論你的教養、社會地位、機會或運氣為何，你都必須問自己這個問題：我盡力了嗎？

而不是……

我達到新的里程碑了嗎？

我有賺夠錢嗎？

「我盡力了嗎？」如果這個問題的答案是肯定的，那麼所有的結果都可以接受。

如果答案是否定的，準備好自己，下一次再全力以赴。

守則 91

永遠不要停止指導初學者。
他們讓你保持腳踏實地。

　　比起教導專業運動員做任何事，我對教練有能力指導孩子如何跳躍，或是教一群成年人學會深蹲，印象更為深刻。

　　孩子幾乎沒有背景；他們缺乏覺察力和運動經驗。你的言語和示範，是他們唯一的參考框架。

　　另一方面，成年人有太多的參考框架了。他們來找你時，已經被過往的經驗塑形，想創造正面的改變，你就必須與他們當下的狀態連結。（請參考第177頁守則69。）與成年人一起工作，你常要協助解決問題，還要能夠靈活溝通。

　　職業運動員非常容易指導。他們擁有遺傳的天賦，以及多年專注的經驗，持續在關注與訓練他們的身體。訓練是他們工作的一部分。

　　如果你的願望是訓練職業運動員，請繼續努力。但不要疏遠了指導孩子或是成年人的工作。

　　這些經驗能讓你保持謙虛，富有耐心與創造力。它是所有教練應該引以為豪的童子軍徽章。

守則 ⑨2

如果你希望受到注意，請第一個到達，最後一個離開，永遠不要坐下。

在你職涯初期，沒有擔負什麼重大的責任時，這段守則是值得遵循的好建議。當機會來敲門時，在旁等待開門的人，就能得到機會。

健身房的老闆、主管或是總教練有一份額外的計畫時，他們第一個想到的，會是那位總是跳出來幫忙的人。

如果你工作的前六個月有四分之一的時間會遲到，隔週五就請病假，並且計畫了好幾週的假期，不要期望在這個領域獲得成功……或者是任何其他領域也一樣。

事業的初期需要犧牲。你在前面放棄許多事物，是為了在將來有所收穫。做那個等待機會出現的人。

然後，給出高品質的工作成果。

守則 93

你可以選擇當下看起來很蠢，
或是繼續蠢下去。
我會寧願選擇當下看起來很蠢。

在任何情況下，對你不清楚答案的問題給出捏造的答案，對職業長期來說不是一件好事。你大可放心地說：「我不知道，但我會找出答案來。」

沒錯，當下你或許覺得自己很蠢，但隨之而來的，是學習新事物的機會。

下一次，當你面臨相同的問題時，就有足夠的知識能夠回應。做出有問題的回應，假裝知道你根本不知道的答案，只是為了避免看起來很愚蠢，其實是不成熟與自負的象徵。

如果你不確定的決定造成的結果是有害的，或者你對某個問題的答案被證明是錯誤的，你不過是讓自己出醜罷了。

人們會記得你的謙遜，而不是你的缺點。他們信任那些願意承認自己不知道的人。

守則 94

如果你即將要做、要說，或是要張貼出來的內容，明天會被發表在《紐約時報》的頭版，你會感到自豪嗎？

如果答案是否定的，那麼請你不要這麼做。在你做出草率或情緒化的決定之前，用這個問題來過濾一下，不要讓自己之後感到悔恨。

舉例來說，如果你想發送一封情緒化的郵件，請在二十四小時之後再寄出。一夜好眠後，你能有更清晰的觀點。

先睡再說。

守則 95

你就是會走路的廣告看板。

在二十年前，如果你說了什麼蠢話或做了什麼蠢事，頂多在你的社交圈傳開來，最糟也不過是透過報紙而成為當地社區的新聞。但現在網路與社群媒體發達，你的文字、貼文、照片、活動、和什麼人來往等等，所有人都能看到並加以評論。一段影片可以在幾分鐘內爆紅。

簡單地透過Google來搜尋名字，你就能得到一個人的許多資訊。你的老闆、客戶或同事使用這些資訊來針對你是否公平並不重要；它是公開可供檢視的。你沒有辦法取悅每個人，但如果某些訊息你不會想把它放上廣告，你就不要將它放上網路或社群媒體，或是採取必要的措施，確認線上的資料安全且沒有公開。

我們都會對人做出即時與無意識的判斷。在進化的過程中，我們了解到這些判斷（我們的適應性潛意識）與有意識的判斷一樣可靠，甚至更為可靠。這是麥爾坎·葛拉威爾（Malcolm Gladwell）著作《決斷2秒間》（Blink）的重要前提。

每個你接觸的人，都會在瞬間對你做出判斷。因此，看起來或聽起來專業、成熟、自信、可靠、和善、知識淵博和真誠對你最有利。

　　這些內容會在領導風範課程（executive presence courses）中教授，如果你沒有上過，我建議你找尋相關課程來學習。你可以參考我太太珍妮佛・李瑞克（Jennifer Rearick）主持的溝通課程「合適的話語」（Fit to Speak），或是獨角獸企業（Business for Unicorns）的馬克・費雪（Mark Fisher）與邁克爾・基勒（Michael Keeler）共同主持的課程「終身的客戶」（Clients for Life）。

　　另外，你也會對其他人做出直覺的判斷，評估自己的隱性偏見與特權一樣很重要。

　　我推薦提・威廉斯博士（Dr. Tee Williams）專為專業健身人士設計的「社會正義基礎自訂進度課程」（Foundations for Social Justice Self-Paced for Fitpros），深入了解偏見在內心的運作狀況，並解決你的盲點。

　　即使你不見得會喜歡這種感覺，你就是塊廣告看板。你是人們想要購買的品牌。有些人是不管你做什麼，他們都不會買你的品牌或你賣的任何東西；但那些熱切的消費者，如果他們喜歡你這個人，或是你做這份工作的原因，他們就會購買。

　　你的廣告看板上說了些什麼呢？

守則 96

小心完美形象。

二十年後，客戶及運動員不會因為你的技術熟練、製作的表格精美或是體態健美而記得你，我也不希望這是你想被記住的方式。他們會記住的是和你之間的關係、你的親切、你給予的協助，以及你帶給他們的感受。

身為教練這個角色，和客戶建立關係是重要的工作之一。如果你希望他們認同你與你安排的流程，他們需要知道你會站在他們的立場去考量一切事物。

我發現教練在關係中所犯的最大錯誤之一，是努力當個健康與身材健美的「完美」模型。這些教練隨身攜帶一加侖的水；他們穿著緊身、暴露的衣服，自備便當少量多餐，找到機會就拍張討喜的照片上傳。對客戶來說，他們過著一種並不討喜、遙不可及且不切實際的生活方式。他們讓客戶感覺雙方毫不相關。

客戶的生活不是繞著健身房打轉。客戶看到你做這些事情時，心中會升起不安全感，你卻沒意識到。你可以有自己的訓練目標；但那就是你自己的目標。你可以吃任何喜歡的東西；但只在自己的時間內進行。你可以為自己的身體感到驕傲，但在客戶的上課期間，聚光燈不該打在你身上。

如同卡內基在《人性的弱點》（*How to Win friends and Influence People*）中提到的，接受這項工作不是關於你，而是關於他們。與客戶建立關係的能力，和你對解剖學、物理學、生物力學及課表安排的理解程度一樣重要。

客戶因想要的成果而來，為良好的關係留下。

思考練習

你希望自己的教練墓碑上寫著什麼？

Instagram上有五十萬的粉絲追蹤、做過很酷的運動，還是穿著運動緊身衣看起來很棒？

或者是「這是一位改變了許多人生命的教練，令人非常懷念」？

守則 97

二十年後，你會知道自己是一個多棒的教練。

喬・爾曼（Joe Ehermann）的著作《由內而外的教練哲學》（*Inside Out Coaching*，暫譯）是我最喜歡的教練書籍之一。在第124頁，他提到一個「二十年的觀點」：

成功的定義與衡量標準由他們的性格、領導能力與他們對改善家庭、社區和世界的貢獻來決定。

這個定義的挑戰在於，需要一段時間後才能確定是否成功。我給自己二十年的時間。我會去了解曾幫助過的人，在二十年後的生活品質為何，以確定我是否實踐了擔任他們教練的原因。當我的球員在運動場之外，是忠誠的丈夫、夥伴與朋友，是全心付出的父親，是不同社區團體的領導者，那麼我就會知道了。人們經常問我，這個賽季球隊將取得什麼樣的成功。我告訴他們，我會在二十年後讓他們知道。

想像一下二十年後的自己。說說看，你希望那時的生活會是怎樣，你希望自己是個什麼樣的人？

做為教練、父母、愛人與朋友，你認為在五十歲、六十歲、七十歲及八十歲時，什麼事情最重要？

我聽到的答案有這些：

- 在女兒的婚禮上跳舞。
- 以往指導的運動員成為很棒的人，很好的公民。
- 有三個健康的孩子，他們正在就讀大學。
- 精力充沛地環遊世界。
- 仍然愛著配偶。
- 和以往的客戶保持聯絡。
- 財務安全。
- 與孫子相處愉快。
- 有一群可靠的朋友。

透過二十年後的觀點來看待生活，能激發你的動力，去做今天看起來無關緊要，但二十年後卻非常重要的事情。

用二十年後的眼光，來過濾一些決定。當你二十年後回頭看，會深深感謝自己有遠見地做出那些犧牲。

今天，我們被許多「活在當下」的訊息轟炸，告訴我們要忽視未來，為每一刻而活！但為什麼必須是二選一的情況——犧牲現在換取未來更好的生活，或是活在當下，以後的事以後再說？能夠考慮未來，使我們成為地球上最獨特的物種。那些不為將來規畫的人，常會因為到達時卻無法好好享受，而感到後悔莫及。

　　去思考二十年後什麼對你來說很重要，能幫助你把注意力放在重要的事情上。如果你很難想像自己要什麼，或是二十年後會變成什麼樣，你可以詢問你的導師、老闆、父母或祖父母：「如果時光倒流二十年，你會做些什麼不同的事？」或是「在你一生中做過最自豪的事情是什麼？」

　　這麼做能讓事情變得清晰。

　　享受過程。

　　去思考你要爬什麼山，應該帶什麼裝備。

> 你可以現在付出，之後玩樂；也可以現在玩樂，之後付出。
> 不管哪一種，都要付出代價。
> ——約翰・麥斯威爾（John Maxwell），美國領導學專家

守則 98

將自己定位為導師。

你真正的目的不是給予提示，像是告訴人們站在哪裡，要做什麼以及使用多大的重量。你的目的是做個導師（mentor）；教練只是你其中一項責任。如果你每週訓練某個人兩次，一年下來，你有一百次的機會可以影響這個人，這是普通人看醫生次數的二十五倍。

想想這對健康的影響：教練是醫療保健專業人士！

二十年後，你的客戶不會記得他們做了幾組幾下，但他們會記得誰幫助他們達到目標，並一路關心他們。如果你將自己定位為轉型導師，而不是交易關係的教練，你不會只影響某些時刻，而會改變人們的生活。

以下的推薦函是一個例子，做為一位轉型導師，你也會有相同經歷。和太太開了一家新的健身房之後，我找了一些過去的客戶，想尋求他們的推薦。莎拉是一位和我合作了三年的運動員，但自從她五年前上大學之後，我們就沒有再聯絡了。

她的推薦讓我驚喜萬分，也加強我努力成為轉型教練與導師的決心。

布蘭登是一個很特別的人，非常善良。他為我的大學運動

項目（籃球與長曲棍球）做準備，也為我身為一個運動員，以及身為一個人的人生做好了準備。我所有正確姿勢與身體動作的知識，都是從他開始的。每當接觸一樣新的領域或活動，我會從他教導我的核心基礎知識出發去學習。

當我回顧過往，是什麼讓布蘭登如此特別的呢？我們不只討論過深蹲與硬舉，還有他的女兒與我的夢想。他總是教導我要有耐心，而且我們都將持續不懈放在第一順位。

在很多方面來說，我們是一起成長的。當然，我比他年輕許多。但在布蘭登與我合作的那幾年裡，他的生活也是起起伏伏的。訓練我時，他正在努力對抗再生不良性貧血，那段日子裡，他教導我何謂勇氣、毅力與勇敢。

我們當時不知道的是，他同時為我對自己身體與健身的終身熱愛做好了準備，包括教練工作、一場馬拉松、健行和攀岩，還有更多更多。

你可以詢問他動作的問題，但也要問他關於人生的想法、請他推薦書或是最喜歡的冰淇淋口味。所有的答案都值得聆聽。

——莎拉‧范伯格（Sarah Feinberg）

守則 99

健身房裡的手機，是用來拍攝指導影片與行銷照片 —— 僅此而已。

這項守則也適用於上課學員。手機是一種干擾。

要簡化這項守則，可以在健身房裡放置專用的平板電腦或手機，用於學員報到、拍攝指導影片或是記錄學員訓練的狀況。

如果你在上課時回覆訊息、瀏覽 Instagram 動態，或是關心賽事的比分，你不是一位教練，而是一個保姆。

除了無可避免的行政原因，把數位奶嘴放遠一點。

守則 100

在社群媒體貼文上運用4：1原則。每發布一則 與自己或銷售產品相關的貼文，後續要有 四則教育性質或讚揚他人努力的貼文。

這項守則適用於商業目的的社群媒體帳號，這可能包含（也可能不包含）你的個人帳號。

守則 101

善用社群媒體的力量進行教育、提升與賦權。

我誠摯地奉勸你，不要利用身體的素質與能力，來建立你的專業聲望。在你人生中的某刻，外觀看起來不會像今天這樣，身體能力也無法有現在的表現。在那一刻來臨時，你要不被迫退出這個圈子，要不對這種自然老化過程感到憤恨不平。

若你希望自己的職業生涯能夠跨越四十年，並改變數以千計的人們，就不要成為這類型的教練。

我鼓勵你分享關於自己身體轉變、個人掙扎或成功的故事，但分享的角度是它將如何影響你指導的對象。記住，與自己相關的貼文，要遵守4：1原則。（詳見上頁的守則100）

照顧自己的身體，並以它為豪，但記住，這件事就跟你再也沒有關係了。你不需要張貼身著貼身衣物的照片，一樣能以自己的身體為豪。

外觀與身體能力會逐漸衰退。但你的個性還有給予他人的感受，卻會持續一輩子。

守則 102

使命大於證照。

　　名片上緊接在名字後頭的那一串字母，能讓人們知道你花了大把時間與金錢換取了許多認證頭銜，但它不能告訴人們的是，你與他們有相似的價值觀，還有你是個好人，或者你很樂意跟他們合作。

　　教育很重要，但它不是全部。獲得證照，並持續接受教育，但不要瘋狂追逐頭銜。

　　我建議將你名字後面的簡介，限縮為一至兩個你最引以為豪，且客戶不會誤解的稱號或認證就好。

　　正如你會在我的名片上所看到的，我開始把使命加在名字旁邊：「我的使命是讓運動成為世上最好的處方藥。」這可以告訴潛在客戶與我的同事，什麼事物能激勵我，以及我重視的事物。他們知道我會持續追求教育與人際關係，以實現我的使命。

　　賈伯斯（Steve Jobs）想要「在宇宙中留下痕跡。」1980年代，比爾・蓋茲（Bill Gates）希望「每張書桌上，都有一台個人電腦。」蓋瑞・范納洽（Gary Vaynerchuk）想要「擁有美式足球隊紐約噴射機。」戴曼迪斯博士（Peter Diamandis）想「讓一百歲的人過六十歲的生活。」

美國總統約翰・甘迺迪想要「把人送上月球。」

你當教練的目標是什麼？你的使命是什麼？什麼讓你持續前進？

證照對於同一個圈子的人來說很重要，但付錢請你上課的人們卻不見得會關心。客戶最關心的證照應該是「CNP」（Certified Nice Person，受認證的好人），這在麥克・波羅伊教練以此為標題的文章中有詳細的說明。

人們確實想知道你有料，但他們也需要能夠每週好幾次花一整個小時與你相處。他們不會想把寶貴的時間和金錢花在一個爛人上。

> 人們不在乎你懂多少，
> 直到他們知道你有多在乎。
> ──老羅斯福

然後他們才在乎你懂多少。

守則 103

合作，不要競爭。

你就是自己的品牌。我鼓勵你聘僱或招募一個團隊，協助引導你做決策。

以下是你會想擁有、具有潛力的團隊成員清單：

- 醫師
- 物理治療師
- 脊椎按摩師
- 瑜伽老師
- 跑步教練
- 團體健身指導師
- 運動專項教練
- 營養師

你還會想延攬什麼樣的人呢？

去尋找這些人，並與他們建立有意義的關係。他們在你的職業生涯中，是無價的珍貴資源。他們與你的日常生活相去甚遠，因此可以提供豐富的意見與想法，帶來全新的觀點與機會。

你可以在哪些地方找到他們呢？在大大小小的研討會中，在社群網路裡，或是透過其他教練介紹都可以。他們或許正在

協助你的客戶，也可能在離你健身房的不遠處。

　　找到他們，試著了解他們，並邀請他們一同參與計畫。以客戶為導向，不要與協助客戶的人競爭。

守則 104

訓練某人三個月之後，
你既是他的健身教練，也是心理師。

當你熟練溝通、指導與課表安排的技巧之後，應該開始學習心理學與人際關係。

如果你和客戶或運動員一起工作超過十二週，對他來說，你不只是個教練，也是心理師。你的客戶熟悉訓練的流程：進來之後，先滾筒按壓放鬆，再來熱身、舉重，最後是體能訓練。他們知道運動的名稱，動作也很標準，他們知道該使用多大的重量，並認識其他的健身夥伴。

這種熟悉讓你們在課堂之中，有許多時間可以實際對話。他們會談論更多自己的私人生活。你們雙方會更了解，什麼能讓對方有動力。你花較少時間複習基礎知識，而是專注在策略與細節上。

這也是為什麼在安東尼・雷納（Anthony Renna）的《成為最好：在健身業中邁向巔峰指南》（*Be Like the Best: A Guide to Reaching the Top in the Fitness Profession*，暫譯）一書中，有超過五十位的頂級健身專業人士都推薦《人性的弱點》這本書。如果人們不喜歡跟你共度的這一小時，不管你對訓練了解多少，他們都無法堅持太久。在人們知道怎麼做眼前這件事，並

且能將它做好後，他們就會希望進一步被傾聽、被支持，也想得到娛樂效果。

花時間了解人的狀況、設定的目標、動機，還有學習怎麼與人交談，以及如何提出真誠的問題。這些事情跟健身的組數次數、進階與退階動作、評估，還有解剖學和生物力學等一樣重要。

布雷特・巴塞洛繆（Brett Bartholomew）的線上課程「讓他人採納意見」（Bought in）以及他的書籍《心志教練》（*Conscious Coaching*）是很棒的資源，你能學習到更多關於支持某樣行為時其背後的心理原則。

守則 105

幫助越多人，你就越成功。

就像有錢的人會越有錢一樣，你幫助並連結更多人，就能擁有更多機會，迎來更多成功。當你在事業上取得成功，你會發現，人際間的關係網絡對你的幸福與銀行中的存款數目，有相當關鍵的影響。

想幫助自己，請幫助別人。

刻意練習：以教練為終身志業

目的

此處，你將思考自己成為教練的原因，以及想留給世界什麼。

簡述

下述問題能讓你思考未來，並成為教練生涯中的指引。

指示

從本書開頭刻意練習的基礎評估，抽出你對練習三的六個問題的回答，但先不要複習它們。

接著找出三十分鐘回答以下問題。把這些答案，和你在本書開頭的練習三所做的基礎評估放在一起，然後在行事曆上做紀錄，從現在起每兩週回顧一次。兩週後，將屆時的回答，與先前所給予的答案相互比較。重複地思考、組合、編輯、重寫，直到你對自己的答案滿意為止。

最後把答案列印出來，放在容易看到的地方。當情況變得艱難時，這些答案能幫助你，調整自己的做法。

每年回顧，並重新寫下你的答案。

你的使命宣言為何？（以一至三個句子描述）

- **範例一**

  讓運動成為世上最好的處方藥 —— 布蘭登・李瑞克

- **範例二**

  以肌力與體能訓練為平台，盡力讓教練與運動的正向副作用遠播 —— 運動即良藥（Movement As Medicine）

- **範例三**

  在培養自尊與自信的環境中，提供各年齡層的人最好的肌力與體能訓練 —— 麥克波羅伊肌力與體能訓練中心（Mike Boyle Strength & Conditioning）

你的訓練哲學為何？（以一至三個句子描述）

- **範例一**

  我們的訓練對關節安全又輕鬆，且具有成效。我們堅信運動需循序漸進，避免疼痛。在健身房所做的一切事物，背後都有不容商量的原因。——更聰明更努力訓練中心 運動表現與成人健身（Train Smarter and Harder Sports Performance and Adult Fitness）

- **範例二**

  我們的教練以適當的評估、深思熟慮的示範與即時的動作調整為首要之務，來滿足每位客戶的獨特需求。—— 功能性肌力教練認證課程

- **範例三**

  我們以「治療人」而非「治療疼痛」為榮。每個人的身體都是不一樣的，因此，不應該以相同方式處理所有的疼痛狀況。我們採取獨特且個人化的方式，來對待每一位上門的客戶。—— 運動即良藥

在你看來，長久且成功的教練生涯應該是怎樣的？把它當作已經發生的事情來描寫。

- **範例**

  我在擔任教練＿＿年後退休了，這期間曾指導過各式各樣的人。我最自豪的是自己所安排的行程表，讓我可以每天都見到家人，與他們共進晚餐。當我遇到問題或麻煩時，可以請教許多很棒的教練。我最珍惜的一次指導機會，是訓練一位學員，為奧運比賽做準備。我永遠無法忘記……

二十年後，你的客戶將獲得什麼樣的體驗，或是他們會如何評價你？試著從客戶角度寫下答案。

- 範例

  布蘭登教練教導我許多照護身體的知識。在我遭遇困難時，他會加倍地幫助我……他讓我覺得自己……他讓我知道，因為他，我……

寫下一件可以在週一開始進行的事情，它能提高你的專業水準或是職業前景。

- 範例一

  經過健身房時，向每個人說「早安」或「你好」。

- 範例二

  購買沒有口袋的褲子，就能停止將雙手放進口袋裡。

- 範例三

  寫信或打電話給所在區域的五位運動教練，五位物理治療師、五位醫師和五位訓練師，約他們找個時間喝咖啡，開啟一季的合作團體計畫。

下一個你將持續參加的教育活動為何？

- **範例一**

  二月五日，位於麻省沃本的功能性訓練認證課程

- **範例二**

  七月三十日至八月二日，位於羅德島的「更好的功能性訓練」峰會（Perform Better Summit）

希望有其他教練指導你的工作嗎？

　　在Facebook.com/BrendonJRearick上標註我，與我分享你在本章節問題的答案。或是發送郵件至CoachingRules@gmail.com。

希望有人帶領你負責任地從頭到尾完成整個過程嗎？

　　我很樂意成為那個人。我將帶領你了解自己的心理過程，完成概念化和口頭表達使命宣言，以及你最終想留給世界的事物。

　　透過Coaching-Rules.com了解更多課程內容。

總結

大一時，我從機械工程系轉到運動科學系。週末返家時，我告訴祖母，我要去學校學習怎麼當一名教練。

她當下的反應是，「那很棒，親愛的。那你真正的工作打算要做什麼呢？」

不，奶奶，妳不明白，這**就是**我真正的工作。感謝她的認可，在十四年前，教練在人們心中比較像一種嗜好，而不是可以做到退休的職業。

如今，許多肌力教練一年的收入超過五十萬美元。更相關的資訊是，個人教練一年的淨收入是十萬美元。幾年後，若有肌力教練簽下每年一百萬美元（或甚至更多）的合約，我一點也不驚訝。

運動組織與公司已經意識到，教練和訓練師是團隊想尋求成功時不可或缺的一部分，他們非常樂意為此掏腰包。而用健康換取金錢的人，現在想用他們賺的錢來找回健康。

如果你已經讀到這裡，代表你關心指導教學這件事以及你透過運動協助的人們。你將教練視為一份終身職業，而不只是工作而已。

　　或許第一個百萬年薪的教練就是你！機會來臨時，你是否準備好了呢？你對工作夠投入嗎？

　　本書概述了這份工作的內容：

清楚溝通

保持簡單

避免受傷

服務他人

　　如果能遵循這些原則，你會是個很有效率的教練，能夠在這個圈子活躍很久。人們因信任而將健康交付給你。有了信任，你會得到認同，有了認同，你會看到成果……，有了成果，你會有長久且成功的教練生涯。

　　懇請你使用本書所列出的活動做為引導，進行刻意練習。

　　如果這些資訊對你有幫助，請將這本書轉交給另一位教練。

　　成為你一直嚮往追求的導師，因為一個人教學，會有兩個人學習成長。

致謝

直到我撰寫這本書，才意識到有多少人影響了我人生與職業的方向。

首先感謝我的太太珍妮（Jenny），總是支持（與忍受）我蠢蠢欲動和永不滿足的創作動力。這本書她的貢獻與我一樣多。她沒有承諾要協助校對，卻無私地完成這件事。她是這本書的第一個讀者，經歷了痛苦的過程，試著將我零散且雜亂無章的內容變得有趣且易讀。如同史蒂芬・金說的，謝謝妳「殺了我的寶貝」。我愛妳。

麥克・波羅伊，你的影響在這本書裡隨處可見。我可以很自豪地說我是「波羅伊人」，希望這本書有公正地實踐你的教導。

丹・約翰，謝謝你對這本書的貢獻。在過去九年裡，你給予我的智慧與指導，我發誓會回饋至老得不能當教練為止。

感謝鮑伯・漢森的商業指導，給我這個有「間諜」嫌疑的人有機會做好事，並成為現在的我。

感謝我最好的朋友和商業夥伴凱文・卡爾，我永遠不會忘記自己在大學通識課程時沒有專心聽講，而是看了蓋瑞・范納

洽的《我是Gary Vee：網路大神的極致社群操作聖經》，這是我們的公司「運動即良藥」的萌芽之處。它或許沒有完全照計畫進行，但如今它的美好已經超出我們的想像。謝謝你一直支持我。

感謝克里斯・波里爾（Chris Poirier）和「打造更好的功能性訓練」（Perform Better）公司，給予我平台分享想法與經驗。你們在這個專業領域的存在，給我的職業與建立的關係帶來正面的影響。你們是最棒的生意夥伴。

感謝提姆・康卡農教練、科爾比・康格爾（Colby Congel）、史蒂芬・畢格羅（Stephen Bigelow）、丹尼爾・路易斯（Danielle Lewis）與奧利維亞・伊根－魯道夫（Olivia Egan-Rudolph）在本書出版前協助審閱內容。你們縝密的觀察與深思熟慮的回饋提升了一切，遠超越我獨自一人能完成的事。

查理・瑞德、德魯・梅西、德里克・漢森（Derek Hansen）和麥克・穆林（Michael Mullin），感謝你們寶貴的時間，回答守則中與你們相關的專業問題。

感謝莎拉・范伯格的推薦語。我詢問了妳是否可以寫幾句話描述與我一起訓練的感覺，而妳給了我許多回饋。和妳的家人一樣，我很驕傲妳成為這麼棒的人。

感謝我的女兒芮恩（Rayne），她是我寫這本書的動力。她的精力、愛與好奇心，是我每天早晨起床並持續工作的動力。我希望有一天她能讀到這本書，並且認為「我爸爸知道他在說

什麼。」

　　感謝菈里・德雷珀（Laree Draper）與目標出版社（On Target Publications）讓我看起來如此有條理，並給予我這位新作家一個機會。很高興有你們做為出版合作夥伴與編輯，感謝你們在過程中的耐心與坦誠。

　　感謝我的家人和朋友，謝謝你們所有的愛與支持。過去六年裡，我感覺像過了三十年一樣。從發現自己即將為人父，到移居至加州，然後因再生不良性貧血而入院，你們給予了我實質上、情感上、經濟上與精神上的支持。感激你們每一個人。

　　感謝：

- 讓我有機會從你們身上學習到許多事物的教練們。
- 在教學或演說場合，有幸共事的教練們。
- 我所服務的公司，總是信任交付給我的工作任務與其成果。
- 我有機會教學與領導的教練們，因為一個人教學，會有兩個人學習成長。

　　感謝閱讀此書的讀者們。沒有你們，我就無法分享這些守則。

<blockquote>
想走得快一點，要一個人走；
想走得遠一點，要跟別人一起走。
——非洲諺語
</blockquote>

附錄

守則清單

基本守則

- 情境很重要。
- 理論上很好，實務上不見得。
- 了解規則，才能打破規則。
- 我保留改變想法的權利。
- 竊取聰明人的點子，這叫做學習。
- 你不可能閱讀同一本書兩次。

如何指導：清楚溝通。

- 大量示範。
- 不能示範？讓影片、你的客戶或運動員代勞。
- 三明治教學法：這樣做。不是這樣。而是這樣。
- 訓練時，讓客戶排成一排，不要圍成一圈。
- 最好的提示是沒有提示。
- 提示學員的 PAF 提示法：位置、動作、感覺。
- 三的力量——每三次的訓練後，給予運動員適當的碰觸，

呼喚他們名字且不要吝惜你的讚美。

- 你只有二十秒的時間，說完、示範，然後讓他們自己做。
- 使用外在提示語取代內在提示語。
- 不要再說「啟動臀部」或「縮緊核心」。
- 課表中的每項運動都要進行「大便測試」：如果它感覺像大便，聞起來像大便，看起來也像大便，它很有可能就是大便。
- 多一點鼓勵還是給一些挫折？
- 別在課表中安排你做起來不自在的動作。
- 不要在房屋著火時修剪草坪。
- 教學時，不要交叉雙手、靠在牆上、過於靠近客戶身旁、手插口袋、背對客戶或是坐下。
- 音量不要太大也不要太小——剛好就好。
- 斥責學員也無法讓他動作變好。
- 提示語不要以問句作結？
- 不要讓客戶獨自做體能訓練。
- 說什麼很重要。
- 提示語不要用到縮寫、簡化詞、解剖學術語或行話。
- 如果需要提示客戶或運動員超過三次來幫助他們修正。不是重量太重，就是活動度問題，或者是你沒有溝通清楚。
- 停止使用填充詞。
- 一次提示一個人。

- 記住每個人的名字。
- 當客戶有疑問時，提供絕佳的示範，並保持熱情、微笑跟友善。

如何安排課表：保持簡單

- 重要的事，每天做。
- 練動作，不是練肌肉。
- 學習指導客戶的呼吸方式。
- 安排課表跟你的喜好無關。
- 挑選重量時，一次前進一點點就好。
- 「以終為始」。——史蒂芬・柯維（Steven Covey）
- 休息週內建在你的課表之中；它們稱為「生活」。
- 如果……那麼就……——你和課表都需要有點彈性。
- 墨菲定律——可能出錯的事就一定會出錯。
- 目標是「保持目標不變」。
- 「尋求變化卻不改變。」——查爾斯・波利金（Charles Poliquin）
- 為客戶裝滿水桶。
- 按照順序充填水桶。
- 你的大石頭動作是什麼？
- 給出去的課表自己先練過。
- 所有訓練都是體能訓練。

- 不要陷入「矯正」的迷思中。
- 把運動拆分成最小的部分，再將它們組合起來。
- 更多的反覆次數帶來更多的學習。
- 量測重要的事物。量測後，要管理。
- 各平面都要訓練。
- 善用工具與姿勢，讓它們成為你的「助理教練」。
- 對大多數人來說，快於走路的活動就是增強式訓練。
- 練習「說得一口好教練」。
- 多強壯才夠強壯？
- 好的動作不是萬靈丹。
- 滾筒按壓與伸展的目的，和刷牙與使用牙線相同。
- 活動度＝柔軟度＋肌力。
- 訓練時，別侷限於單一工具。
- 給予他們需要的，再點綴他們想要的在其中。

如何安排課表：避免受傷

- 復健與健身沒有差別，只是訓練的退階或進階。
- 若客戶需要，把它當作矯正運動；若客戶不需要，它們就是熱身。
- 向上游訓練，也向下游訓練。
- 每項運動都是一種檢測。
- 選擇訓練動作時，像律師一樣思考。

- 要疲累或是更好？
- 了解人們當下的狀態。
- 這樣會痛嗎？
- 當你有把鎚子，任何東西看起來都像釘子。
- 慢燉鍋 vs. 微波爐。
- 某個人的熱身，是另一個人的一次反覆最大重量。
- 以良好的姿勢舉起重量是種矯正訓練，同時還能改進活動度。
- 想辦法讓訓練動作「自我限制」。
- 要思考能達成目標的最低有效劑量是多少？
- 為客戶做好壓力管理。
- 別不斷凹折信用卡。
- 關注細節就能避免多數錯誤。

如何使教練成為一份終身職業：服務他人

- 如果你總是匆匆忙忙、不停付出，哪有時間磨利斧頭？
- 工作前五年，訓練每一個人。
- 工作五年後，學會說不。
- 工作前五年，將收入的十分之一用於進修。
- 工作五年後，將收入的十分之一存下來。
- 別因太忙碌（或太節儉）而無法進步。
- 別管其他人的事。

- 別稱呼自己為專家，讓其他人來。
- 在場指導是你的首要工作。其次則是保持健身房的整齊清潔。
- 看起來要符合身分。
  打扮乾淨俐落，衣著合身並保持良好的衛生習慣。
  你提供的是非常專業的服務。
- 成功是內心的平靜，明白你已盡力成為你能成為的最好的人。
- 永遠不要停止指導初學者。他們讓你保持腳踏實地。
- 如果你希望受到注意，請第一個到達，最後一個離開，永遠不要坐下。
- 你可以選擇當下看起來很蠢，或是一直蠢下去。我會寧願選擇當下看起來很蠢。
- 如果你即將要做、要說，或是要張貼出來的內容，明天會被發表在《紐約時報》的頭版，你會感到自豪嗎？
- 你就是會走路的廣告看板。
- 小心完美形象。
- 二十年後，你會知道自己是一個多棒的教練。
- 將自己定位為導師。
- 健身房裡的手機，是用來拍攝指導影片與行銷照片──僅此而已。
- 社群媒體貼文原則 4:1。

每發布一則與自己或銷售產品相關的貼文，後續要有四則教育性質或支持他人努力的貼文。

- 善用社群媒體的力量進行教育、提升與賦權。
- 使命大於證照。
- 合作，不要競爭。
- 訓練某人三個月之後，你既是他的健身教練，也是心理師。
- 幫助越多人，你就越成功。

外在提示語清單

守則15與「刻意練習2：指導單一動作的刻意練習」的參考範例。你可以在externalcues.com找到近期更新版本。

動作或運動	外在提示語
• 跳躍 • 衝刺 • 推雪橇 • 髖關節伸展	「將自己推離地板／地面／地球。」 「腳尖去刺後方的地板。」 「攻擊地面。」 「撕開你身後的草地/地面。」
• 跳躍 • 三關節伸展 • 上膊	「試著讓你的頭頂去碰觸天花板。」 「伸手碰籃框。」 「在最高點的地方把球接住。」 「臀部碰到槓／鏡子／牆。」 「跳，聳肩，往後坐。」

動作或運動	外在提示語
• 抬膝衝刺與推雪橇 • 行進與跳躍訓練	「想像膝蓋上方有一片玻璃，用膝蓋去撞破它。」 「像遊行一樣把膝蓋抬高。」 「兩腳分很開。想像你的雙腳是把有力的大剪刀。」
• 完全呼氣 • 肋骨向下 • 抗伸展	「吹熄你的生日蠟燭。」 「大嘆一口氣。」 「像吹氣球一樣，把身體的空氣全部呼出。」
• 啟動闊背肌 • 固定肩膀 • 肩胛骨後收下壓	「試著把槓鈴／壺鈴折斷。」 「把肩胛骨向下放進後方口袋。」 「像腋下夾報紙一樣擠壓。」 「用腋下夾緊葡萄。」 「肘窩向前，讓人可以看見。」
• 壺鈴硬舉 • 高跪姿與單跪姿	「像量身高一樣站得直挺挺的。」 「不要像在釣一隻大魚一樣身體向後傾」。 「長高。」 「把T恤胸口的logo露出來給我看。」
• 抓舉	「把槓拋向空中。」 「把槓丟向天花板。」
• 斜向推拉 • 平衡訓練 • 負重行走	「在平衡木上，前後腳成一直線。」 「走直線。」
• 單腳運動與維持 • 平衡訓練	「把腳插進地板中。」 「像一棵樹一樣，把腳／腿扎根進地板中。」

動作或運動	外在提示語
●伏地挺身 ●硬舉 ●深蹲 ●棒式	「像把螺絲轉緊一樣，把你的腳／手轉入地板。」 「旋入地板。」 「將草皮／地毯撕裂開。」 「膝蓋往外推，想像有彈力帶環繞膝蓋，而你試著要將它撐斷。」
●鳥狗 ●單腳硬舉 ●死蟲 ●包含「手腳延伸」 　的任何動作	「把手／腳伸向牆／門／角錐／窗戶。」 「讓自己從手到腳越長越好。」 「以單腳方式，讓自己看起來像超人。」
●棒式 ●伏地挺身 ●划船	「像板子一樣保持筆直。」 「看起來像從大砲中射出來一樣，身體直挺挺的。」 「看起來像你站立時的姿勢。」 「從頭到腳剛硬地像鋼鐵一樣。」
●繃緊 ●抗旋轉	「讓人家無法移動你。」 「擠壓你手中的一切，像是試著壓碎雙手中的蘋果。」
●橫隔膜呼吸 ●完全擴張	「把氣吸到你的皮帶位置。」 「把氣吸到你的腰帶位置。」 「把氣吸進你身體內部，像是幫輪胎打氣時，打進內胎一樣。」

動作或運動	外在提示語
●緊縮核心 ●棒式 ●引體向上 （掌心朝身體） ●引體向上 （掌心朝前）	「像你在穿防彈衣一樣，把拉鍊拉起來。」 「讓你的肘窩拉向腳趾。」 「把自己拉起來，像是把自己拉過柵欄一樣。」
●單跪姿 ●分腿蹲 ●弓步	「前後腳像在鐵軌上一樣，排成一直線。」
●衝刺或熱身時速度 　訓練時的手臂動作	「像要把釘子釘進身後的牆上。」 「手掌的位置由臉頰擺動至臀部。」 「手掌從眼窩擺動至臀部的口袋位置。」
●高跪與單跪姿	「假裝你腰部以下是水泥。」
●壺鈴硬舉 ●擺盪	「手保持在拉鍊位置。」 「你的前臂應該碰到髖部摺痕的位置。」（髖部摺痕是你坐下時，褲子有皺摺的位置。） 「在動作高點時膝蓋打直。」
●足背屈 ●衝刺 ●跨欄跑	「不要讓腳踝死掉了。」 「讓腳趾靠近膝蓋。」 「用腳趾固定住一個桶子。」
●骨盆後傾 ●抗核心 ●伏地挺身 ●棒式	「把尾巴夾在兩腿中間。」 「將後腳跟擠在一起。」 「用臉頰弄碎地上的核桃。」 「你的骨盆是裝滿水的碗。不要讓碗傾倒，把水灑出來了。」

動作或運動	外在提示語
• 抓舉與上搏時，保持槓靠近身體	「大拇指往衣服方向拉近。」 「把夾克拉鍊拉上。」 「想像有支鉛筆在槓的末端。在你移動槓時，筆要畫一條直線。」
• 強調臀部肌群 • 分腿蹲 • 鉸鏈模式	「像踩死一隻蟲子一樣，腳跟用力推。」 「腳跟下有一張百元鈔票，你不想讓它被風吹走。」
• 丟藥球	「粉碎／打破牆壁。」 「製造出最大音量。」 「藥球是響亮的，跳躍是安靜的。」 「像往某人身上潑水一樣地丟出去。」
• 跳躍時的落地	「落地時像忍者一樣柔軟，不要讓我聽到聲音。」 「你的手中像是握著水球或雞蛋，落地時別讓它破掉了。」 「假裝你在冰上跳躍，不要讓冰破掉了。」 「腳要像魔鬼氈一樣黏住地面。」
• 臥推、伏地挺身、引體向上	「胸骨要碰觸到槓或墊子。」
• 加速訓練，兩點起跑姿勢	「像噴射機起飛，而不是直昇機升空。」
• 收好頸部	「讓你的雙下巴跑出來。」 「像是把頭放進車子的頭枕一樣。」 「不要用到頸部肌肉。」
• 上膊 • 前蹲舉 • 架式	「讓手肘撞到牆壁／鏡子上。」 「手肘盡可能遠離膝蓋。」

動作或運動	外在提示語
● 棒式 ● 引體向上 　（掌心朝向身體） ● 引體向上 　（掌心朝前） ● 讓肋骨靠近臀部 ● 四足跪姿	「讓肘部靠近腳趾。」 「把皮帶扣帶向下巴。」 「我要在你的背上放一杯水，保持平衡，別讓它灑出來了。」
● 滾筒按壓 ● 伸展 ● 軟化組織	「滾動按壓時的感覺應該是『舒服的痛』而非『不適的痛』。」 「像在黏土中加水。」 「假裝你在揉披薩麵團。」 「肌肉是一塊海綿。不要讓它乾掉。你應該擠出舊的水，讓新鮮的水進來。」
● 伸展時，保持脊椎直立	「小心翼翼走過峭壁的樣子。」 「長高，然後從髖部的位置彎腰。」
● 丟擲時，轉動腳與臀部 ● 髖轉	「轉動髖部，像是你要揮出致命的一拳。」 「你需要一個全壘打來追平比分。全力揮棒，把球打出牆外。」 「試著把高爾夫球打出300碼。」 「轉動你的腳，像在踩熄香菸一樣，讓臀部面轉向牆壁。」
● 仰臥抗伸展訓練 ● 地面肩膀滑行 ● 死蟲	「輕輕地將下背壓／黏在地上。」

動作或運動	外在提示語
• 雙腳跳：雙腳起跳離地，接著雙腳落地 • 跨步跳：單腳起跳離地，接著另一腳落地 • 單腳跳：單腳起跳離地，接著同一隻腳落地 • 蹦跳：單腳起跳離地，接著雙腳落地 • 衝刺 • 跳繩 • 彈性訓練	「從箱子裡彈出／像球彈跳／像彈簧一樣彈跳／彈指」 「像籃球一樣彈跳，不要像沙袋。」 「想像你是一根彈跳棒。」
• 從地面開始的伏地挺身	「你應該看起來像箭頭的形狀。不是T也不是I。」
• 划船	「把手腕拉向肋骨。」 「大拇指帶往腋下。」 「展示你的蝙蝠翅膀／雞翅。」
• 高腳杯式深蹲 • 單腳蹲	「臀部去親吻、輕碰箱子，但不要真的坐下。」 「輕觸箱子，好像上面有大頭釘或你不想弄破的雞蛋。」 「讓後口袋靠近鞋跟。」 「膝蓋朝向前方的牆，然後蹲下，讓身體像手風琴一樣折疊。」

動作或運動	外在提示語
●過頭上推 ●起立	「二頭肌／肘窩靠向耳朵。」 「拳頭往天空方向去。」
●後腳抬高分腿蹲 ●兩點觸地姿勢 ●橫向速度訓練	「盡可能讓身體與脛骨角度維持相同。」
●單腳硬舉 ●轉髖 ●丟藥球	「假裝臀部有隻雷射筆。讓雷射光射向地面 ／牆面。」
●運動員姿勢 ●滑步 ●側併步 ●硬舉 ●啞鈴划船 ●鉸鏈	「身體放低，像是跳台滑雪選手即將起跳的 姿勢。」 「看起來像是棒球中的游擊手。」 「想像有人用繩子繞住你的臀部，要把你拉 回來。」 「讓後口袋貼近身後的牆上。」
●關節轉圈 ●活動度訓練	「假裝手或腳是一支筆，盡力畫出最大的 圓。」 「用腳趾在帆布上頭畫一個圓。」 「探索你的活動範圍的極限。」

參考書目與延伸閱讀

1. "21 Tips for Up and Coming Fitness Professionals," Eric Cressey, October 1, 2015 https://ericcressey.com/21-tips-for-up-and-coming-fitness-professionals

2. "25 Years, 25 Mistakes," Michael Boyle, 03/01/0 https://www.t-nation.com/training/25-years-25-mistakes

3. *40 Years with a Whistle: Life Lessons from the Field of Play,* Dan John On Target Publications, 2019

4. *Advances in Functional Training: Training Techniques for Coaches, Personal Trainers and Athletes*, Michael Boyle, On Target Publications, 2015

5. *Advances in Functional Training*, excerpt, Michael Boyle https://www.otpbooks.com/advances-in-functional-training-excerpt/

6. "Age-Associated Loss of Power and Strength in the Upper Extremities in Women and Men," E. Jeffrey Metter, Robin Conwit, Jordan Tobin, and James L. Fozard, *The Journal of Gerontology: Biological Sciences*, in the Public Domain 1997, Vol. 52A, No. 5, B267-B276 https://watermark.silverchair.com/52A-5-B267.pdf

7. Art of Coaching Course: Bought In, Brett Bartholomew https://artofcoaching.com/courses/

8. "Attentional Focus and Cueing for Speed Development," Winkelman, Nick, 2018, *Strength and Conditioning Journal,* 40. 13-25. 10.1519/SSC.0000000000000266

9. *Attention and Motor Skill Learning,* Gabriele Wulf, Human Kinetics, 2007

10. *Be Like the Best: A Guide to Reaching the Top in the Fitness Profession,* Anthony Renna, On Target Publications, 2019

11. "Becoming a CNP," Michael Boyle, 5/2/2012, https://strengthcoachblog.

com/2012/05/02/becoming-a-cnp/

12. 《靈活如豹：掌握動作技巧、提升運動表現、預防傷痛的終極指南》（*Becoming A Supple Leopard: The Ultimate Guide to Resolving Pain, Preventing Injury, and Optimizing Athletic Performance*）, Dr. Kelly Starrett and Glen Cordoza, Victory Belt Publishing, 2015（繁體中文版由大家出版）

13. Beighton score." *Physiopedia,* 6 Jun 2017 https://www.physio-pedia. com/index.php?title=Beighton_score&oldid=174264

14. Benign Joint Hypermobility Syndrome: Evaluation, Diagnosis, and Management. Simpson MMR. *J Am Osteopath Assoc* 2006;106(9):531–536.

15. 《決斷2秒間：擷取關鍵資訊，發揮不假思索的力量》（*Blink: The Power of Thinking Without Thinking*）, Malcolm Gladwell Back Bay Books, 2019

16. Building Exercise Checklists for Successful Training Course, Brendon Rearick. https://www.exercisechecklists.com/p/exercise-checklists

17. Certified Functional Strength Coach Course, https://www.certifiedfsc. com

18. Clients for Life Course, Business for Unicorns https://www. businessforunicorns.com/clients/

19. Compound Interest Calculator http://www.moneychimp.com/ calculator/compound_interest_calculator.htm

20. 《心志教練》（*Conscious Coaching: The Art and Science of Building Buy-in*）, Brett Bartholomew, 2017（繁體中文版由臉譜出版）

21. "Contralateral Effects of Unilateral Strength Training: Evidence and Possible Mechanisms," Carroll, T, Herbert, R, Munn, J, Lee, M, and Gandevia, S. J, *Journal of Applied Physiology,* 101: 1514-1522, 2006

22. "Cross Transfer Effects of Training on Strength and Endurance," Mathews, Donald and Shay, Clayton and Godin, Frank and Hogdon, Robert, 2013, *Research Quarterly. American Association for Health, Physical Education and Recreation,* 27. 206-212. 10.1080/10671188.1

956.10612871

23. "Secrets of the Toolkit," Dan John, https://www.otpbooks.com/dan-john-secrets/

24. "Deliberate Practice: What It Is and How to Use It," James Clear, https://jamesclear.com/deliberate-practice-theory

25. "Does it All Come Down to the First 10 Yards?" Michael Boyle https://www.strengthcoach.com/public/1744.cfm

26. "Does It Hurt?" Michael Boyle, https://www.strengthcoach.com/public/1602.cfm

27. "Effects of Two Different Recovery Postures during High-Intensity Interval Training," Michaelson, Joana V.; Brilla, Lorrie R.; Suprak, David N.; McLaughlin, Wren L.; Dahlquist, Dylan T., *Translational Journal of the ACSM*, February 15, 2019, Volume 4 Issue 4, p 23-27, https://journals.lww.com/acsm-tj/fulltext/2019/02150/effects_of_two_different_recovery_postures_during.1.aspx?fbclid=IwAR2nSoBSpc-q4EULd9v1K-Le9aBoJ12pnS3h65okFS78a-RlVg52g9gGRM5I

28. "Filling Buckets," Michael Boyle, 10/21/2012, https://www.strengthcoach.com/public/Filling-Buckets.cfm

29. 《飲食規則：83條日常實踐的簡單飲食方針》（*Food Rules: An Eater's Manual*），Michael Pollan, Penguin Books, 2013（繁體中文版由大家出版）

30. Functional Movement Screen Course, www.functionalmovement.com

31. Functional Range Conditioning Course, Dr. Andreo Spina https://functionalanatomyseminars.com/functional-range-conditioning/

32. *Functional Anatomy Training*, Kevin Carr, Human Kinetics

33. 《人性的弱點：卡內基教你贏得友誼並影響他人》（*How to Win Friends and Influence People*），Dale Carnegie, Simon & Schuster, 1936

34. "It's Not the Program; It's the Coaching," Michael Boyle https://www.otpbooks.com/mike-boyle-not-program-coaching/

35. *InSideOut Coaching: How Sports Can Transform Lives*, Joe Ehrmann, Gregory Jordan, et al., Simon & Schuster, 2011

36. "Learn to Speak Coach," Michael Boyle, http://www.strengthcoach.com/public/1969.cfm

37. "Lessons from InSideOut Coaching—20-Year Window," Michael Boyle, https://strengthcoachblog.com/2012/10/05/lessons-from-inside-out-coaching-the-20-year-window/

38. *Let The First Rep Suck: The Art of Unconditionally Positive Fitness Coaching,* Todd Bumgardner, 2020

39. *Motivational Interviewing, 3rd edition*, William R. Miller and Stephen Rollnick, The Guilford Press, 2012

40. Motivational Interviewing: Free Coaching Workshop, Dr. John Berardi and Dr. Krista Scott-Dixon https://precisionnutrition.com/motivational-interviewing-free-seminar

41. *Movement: Functional Movement Systems: Screening, Assessment, Corrective Strategies,* Gray Cook, On Target Publications, 2011

42. 《傳奇教練丹約翰的肌力體能訓練金律：40年淬煉的42則鍛練心法，教你回歸根本，檢視心志、目標、課表……，建立簡單又有效的運動生活》（*Never Let Go: A Philosophy of Lifting, Living and Learnin*g），Dan John, On Target Publications, 2009（繁體中文版由臉譜出版）

43. 《麥克波羅伊功能性訓練聖經》（*New Functional Training for Sports*），Michael Boyle, Human Kinetics, 2016（繁體中文版由臉譜出版）

44. "No One Conditions Alone," Kevin Neeld, August 13, 2010. http://www.kevinneeld.com/no-one-conditions-alone

45. 《史蒂芬‧金談寫作》（*On Writing: A Memoir of the Craft*），Steven King, 2021, Scribner（繁體中文版由商周出版）

46. 《異數：超凡與平凡的界線在哪裡？》（*Outliers: The Story of Success*），Malcolm Gladwell, Back Bay Books, 2011（繁體中文版由時報出版）

47. 《刻意練習：原創者全面解析，比天賦更關鍵的學習法》（*Peak: Secrets from the New Science of Expertise*），Anders Ericsson, Robert Pool, Vintage, 2017（繁體中文版由方智出版）

48. "Football: Five Steps to Increasing the Effectiveness of Your Strength Train- ing Program," Poliquin, C., *National Strength and Conditioning Association Journal,* 10(3):34-39, June 1988 https://journals.lww. com/nsca-scj/Citation/1988/06000/FOOTBALL__Five_steps_to_ increasing_the.5.aspx

49. Postural Restoration Institute Courses https://www.posturalrestoration. com/programs-courses

50. "Power Cubed," Michael Boyle, 2009 https://www.strengthcoach.com/ public/2630.cfm

51. *Practice Perfect: 42 Rules for Getting Better at Getting Better,* Doug Lemov, Erica Woolway, Katie Yezzi, Jossey-Bass, 2012

52. *Relax into Stretch: Instant Flexibility Through Mastering Muscle Tension,* Pavel Tsatsouline, Dragon Door Publications, 2001

53. "Resistance Training for Older Adults: Position Statement from the National Strength and Conditioning Association," Maren S. Fragala, Eduardo L. Cadore, Sandor Dorgo, Mikel Izquierdo, William J. Kraemer, Mark D. Peterson, and Eric D. Ryan, *The Journal of Strength and Conditioning Research* https://www.nsca.com/contentassets/2a 4112fb355a4a48853bbafbe070fb8e/resistance_training_for_older_ adults__position.1.pdf

54. *Secrets of Successful Program Design: A How-To Guide for Busy Fitness Professionals,* Alwyn Cosgrove and Craig Rasmussen, Human Kinetics, 2020

55. "Retirement without Savings? It's not a pretty picture, but it's happening to a lot of Americans," Donna Fuscaldo, 2019 https://www.investopedia. com/articles/personal-finance/111815/what-retirement-will-look-without-savings.asp

56. "Should You Stick to the Recipe?" Michael Boyle, https://www. strengthcoach.com/public/1736.cfm

57. "Strength and Muscle Mass Loss with Aging Process. Age and Strength Loss," Keller K, Engelhardt M., *Muscles Ligaments Tendons Journal,* 2014;3(4):346-350, 2014 Feb 24 https://pubmed.ncbi.nlm.nih.

gov/24596700/

58. "Strength Standards Sleepless in Seattle," Dan John, http://danjohn. net/2013/04/strength-standards-sleepless-in-seattle/

59. *T=R2: Lateralizations and Regressions,* Charlie Weingroff, https:// charlieweingroff.com/l/tequalsr2/

60. 《與成功有約：高效能人士的七個習慣》（*The 7 Habits of Highly Effective People: Powerful Lessons in Personal Change*），Stephen R. Covey, Simon & Schuster, 1989（繁體中文版由天下文化出版）

61. "The Best Investment You Can Make," Darren Hardy, 2017. https:// www.huffpost.com/entry/the-best-investment-you-c_b_7889116

62. *The Charlie Francis Training System,* Charlie Francis, 2012. https:// www.charliefrancis.com

63. "The Curse of Knowledge" by Michael Boyle, 2013. https:// strengthcoachblog.com/2013/01/11/the-curse-of-knowledge/

64. "The Effects of Self-Myofascial Release Using A Foam Roller or Roller Massager on Joint Range of Motion, Muscle Recovery, and Performance: A Systematic Review." Cheatham, S. W., Kolber, M. J., Cain, M., & Lee, M. International journal of sports physical therapy, (2015). 10(6), 827–838.

65. "The Gable Method," Dan John, 2006. https://www.t-nation.com/ training/gable-method

66. *The Language of Coaching: The Art & Science of Teaching Movement* Nick Winkelman, Human Kinetics, 2020

67. *The Little Book of Talent: 52 Tips for Improving Your Skills,* Daniel Coyle, Random House, 2012

68. *The New One Minute Manager,* Blanchard, Ken, et al HarperCollins Publishers, 2016

69. 《改變人生的最強呼吸法：連氣喘都能改善，還能順帶瘦身》（*The Oxygen Advantage: Simple, Scientifically Proven Breathing Techniques to Help You Become Healthier, Slimmer, Faster, and Fitter*），Patrick McKeown William Morrow, 2016（繁體中文版由如何出版）

70. The Ready State Virtual Mobility Coach, Dr. Kelly Starrett, https://thereadystate.com

71. "There is a Reason There is a Box," Michael Boyle, https://strengthcoachblog.com/2012/01/09/there-is-a-reason-there-is-a-box/

72. "Three Lessons I learned From Coaching Kids," Michael Boyle, https://www.otpbooks.com/mike-boyle-lessons-coaching-kids/

73. "Ten-Yard Dashes," Michael Boyle, https://www.strengthcoach.com/public/Timing-Ten-Yard-Dashes.cfm

74. *Today Matters: 12 Daily Practices to Guarantee Tomorrow's Success* John Maxwell, Center Street, 2005

75. "Too Busy to Get Better?" Michael Boyle, https://www.strengthcoach.com/public/2029.cfm

76. USA Weightlifting Course https://www.teamusa.org/usa-weightlifting/coaching/coaching-courses

77. "The ePARmed-X+ Physician Clearance Follow-up," Warburton DER, Jamnik VK, Bredin SSD, Gledhill N., *Health & Fitness Journal of Canada*, 2014;7(2):35-38, http://eparmedx.com/wp-content/uploads/2013/03/PARQPlus2019ImageVersion2.pdf

78. "What is the average annual return for the S&P 500?" JB Maverick, 2020 https://www.investopedia.com/ask/answers/042415/what-average-annual-return-sp-500.asp

79. What You Can Do about Sexual Harassment in the Fitness Industry Course, Girls Gone Strong https://go.girlsgonestrong.com/sexual-harassment

80. *Wooden on Leadership: How to Create a Winning Organization* John Wooden and Steve Jamison, McGraw-Hill, 2005

81. "Yes, Impostor Syndrome Is Real. Here's How to Deal With It," Abigail Adams https://time.com/5312483/how-to-deal-with-impostor-syndrome/

關於作者

　　我是一位丈夫、父親、肌力教練、演說家、教師、企業負責人、冰淇淋愛好者、書蟲、有著大鬍子的普通人，以及穿著格子襯衫的紳士。除了這些標籤之外，我的工作是盡力向大眾發揮運動與教練的正向影響力，並且讓運動成為世上最好的處方藥。

　　我透過三間公司來執行這些任務：

功能性肌力教練認證—*certifiedfsc.com*

　　我們根據科學證據與實務經驗，提供健身專業人士最新且可應用的教育。我們的目標是示範一套有系統的指導方法，協助健身專業人員以安全有效率的方式，在任何環境中訓練任何人。我們希望為那些想要進入肌力與體能以及個人訓練領域的人提高水準。

運動即良藥—*movement-as-medicine.com*

　　所有人都應該好好活動並經常活動，我們的任務是幫助人們做到這點。

　　我們以「治療人」而非「治療疼痛」為榮。每個人的身體都是不一樣的，因此，不應該以相同方式處理所有的疼痛狀況。我們採取獨特且個人化的方式，來對待每一位上門的客戶。

　　生活應該在活動中度過。我們在這裡協助你動得更多，動的更好，並能持續做你熱愛的事。

更聰明更努力訓練中心 —*trainsmarterandharder.com*

　　在更聰明更努力訓練中心裡，我們有最佳的訓練方式。我們的訓練對關節安全又輕鬆，且具有成效。我們堅信運動需循序漸進，避免疼痛，且在健身房所做的一切事物，背後都該有原因，這是不可商量的。但聰明訓練不代表我們不努力 —— 我們很努力。

　　我們的任務是引導你，以沒有傷害為首要目標，走過終身訓練的旅途。我們看到了對安全訓練的需求，並積極回應這個需求。

　　你可發送郵件至coachingrules@gmail.com，或是透過@CoachBrendonRearick或*BrendonRearick.com*，在線上聯繫我。

希望有其他教練指導你的工作嗎？

　　你可透過社群媒體Facebook.com/BrendonJRearick、Instagram @CoachBrendonRearick或是Twitter@BrendonRearick，與我分

享你在本書中問題的答案。也可發送郵件至CoachingRules @gmail.com。

希望有人帶領你負責任地從頭到尾完成整個過程嗎？

　　我很樂意成為那個人。參加為期六週的《好教練的養成之道》線上課程，我將帶領你完成改進的過程 —— 如何指導、如何安排課表，以及如何服務他人。

　　透過Coaching-Rules.com了解更多課程內容。